中国私募基金经理风云录

雪球◎编著

China Private Equity Fund Managers

中国经济出版社
CHINA ECONOMIC PUBLISHING HOUSE
北 京

图书在版编目（CIP）数据

中国私募基金经理风云录／雪球编著. -- 北京：中国经济出版社，2021.8

ISBN 978－7－5136－6600－8

Ⅰ.①中… Ⅱ.①雪… Ⅲ.①投资基金－研究－中国 Ⅳ.①F832.51

中国版本图书馆 CIP 数据核字（2021）第 171155 号

策划编辑　燕丽丽
责任编辑　赵嘉敏
责任印制　巢新强
封面设计　久品轩

出版发行　中国经济出版社
印 刷 者　北京富泰印刷有限责任公司
经 销 者　各地新华书店
开　　本　710mm×1000mm　1/16
印　　张　13.75
字　　数　170 千字
版　　次　2021 年 8 月第 1 版
印　　次　2021 年 8 月第 1 次
定　　价　58.00 元
广告经营许可证　京西工商广字第 8179 号

中国经济出版社 **网址** www.economyph.com **社址** 北京市东城区安定门外大街 58 号 **邮编** 100011
本版图书如存在印装质量问题，请与本社销售中心联系调换（联系电话：010－57512564）

交流让投资更愉快

方三文 / 雪球创始人、董事长

在用户看来，我是一个长年待在雪球上的人。

我在雪球上发帖。几年时间，我写了几百万字的帖子。

我在雪球上直播。

我在雪球上向别人提问，也回答别人的提问。每天我大概要回答10～20个问题，一年下来，应该回答了几千个千奇百怪的问题。

我在雪球上管理投资组合和私募基金。

很多人问，你为什么老泡在雪球里？

我一般的回答是：寂寞呀。

确实是这么回事，生活是寂寞的，投资更加寂寞。在现实生活中，找到人交流投资类的问题，非常困难。雪球这样的投资社区，既使投资交流这件事的门槛极大降低了，也使投资中的寂寞得到很大程度的缓解。而交流中，内容超过狭义的投资，又是非常正常的现象。我不认为这些交流是没有意义的。对世界的认知、对人性的认知，跟投资的关系是极为密切而深刻的。

其实呢，我觉得，除了缓解寂寞之外，交流更具有实用方面的巨大价值。投资需要不停地拓展和加深自己对公司、行业、商业的看法。单个人都是信息的孤岛，拥有信息的绝对量是非常少的。但是，因为天生禀赋和阅历积累的不同，每个人也拥有独一无二的信息优势。对于别人来说“脑洞大开”的信息和观点，对于当事人来说，也许是用脚趾头就能想明白的常识。能够把这种单个人的信息优势组合起来，对认知拓展的威力是巨大的。雪球这样的投资者社区，就起到这个组织作用。我在使用雪球的过程中，经常有这样的感慨，对我最有价值的信息、最有启发的观点，通常都来自我的预期之外。那些传统意义上的认知权威，价值远远比预期小；而那些不确定的信息源，却经常提供了意想不到的价值。

我想，这是我使用雪球的动力，也是用户使用雪球的动力。

用户在雪球的交流，沉淀了丰富的内容资产。这两本书里的内容，是从这些内容里面精选出来的。对于雪球的海量内容来说，这些只是沧海一粟；但对于作者来说，可能是别具意义的。在这里，把它们结集出版，一方面是感谢用户的贡献，另一方面，也希望它对别的读者有用。

欢迎大家使用雪球，交流投资。

目 录 | 中国私募基金经理风云录

“职”海茫茫

他完成了华丽转身

大道至简

他形成了自己的投资哲学

术业专攻

他进入了时代的超级赛道

矢志不渝

他找到了一生所爱

『职』海茫茫

他完成了华丽转身

彪悍的私募基金经理不需要被定义

|梁宏|

编者语：王小波说：“双目失明的弥尔顿为什么还坐在黑灯瞎火里头写十四行诗？那就叫‘自我’。”而梁宏也是这样一个“自我”的人。从上海交通大学毕业以后，他做过普通工作，投资过实业，做过美股交易员，最后一步步成为雪球大V、私募基金经理，可以说，每一步都出奇制胜。

如果说梁宏有什么成功的秘诀，那就是他对股票的热爱，就是那种与生俱来的“自我”。

很长时间，梁宏在雪球社区都是一个独特的存在。

他时而在市场暴涨时提示风险；时而在市场跌出价值时提示买入；更多时候，他会分享对各行各业、各个公司的看法，与各个大V“大战”上几百回合，引来一众“球友”围观。

梁宏在雪球初露锋芒是在2014年，当时许多财经KOL（关键意见领袖）正在忙着树立自己“高大上”的形象，而梁宏的日常就是“炒炒股，扛扛鼎，大金链子小手表，一天三顿小烧烤”——这是“球友”对他的调侃，在某种程度上也是对他能力的一种认可。

2015年，对于梁宏来讲，是极其重要的一年。凭借在牛市中优异的投资收益，他在这一年成立了自己的基金公司——希瓦资产。

牛市轰然结束之时，各路基金开始爆亏、清盘、“裸泳”。而梁宏的希瓦资产成立仅一年，就收获了相对于大盘100%的超额收益，一举成名。

之后，梁宏拿各种奖项拿到手软，也成为各大私募颁奖典礼的座上宾。

但是，他身上也有很多争议，有人说他成功靠运气，有人说他炒乐视亏了不少钱，有人说他是个交易型选手。不遭人妒是庸才，争议的背后，实实在在的业绩足以说明一切。

梁宏究竟是怎样的一位私募基金经理？我们将用文字的形式形成一帧帧人物画面展示给大家。你眼中的他和这个他一样吗？读下去，在文中找寻答案吧。

一顿潮州菜让我明白：还是股票适合我

2005—2010年，我在股市做美股T+0交易，其间收入有百万美元左右，这就是我的第一桶金。但是后来我投资了一些实业，这些钱又都亏得差不多了。所以，第一桶金对我来说没有什么意义。如果一定要谈谈它对我的价值，就要从一顿潮州菜说起。

我先后投了三个项目，有的是纯财务投资，有的是自己投自己管，但最终结果都失败了。这时候一个朋友对我说："你的钱都是从股票上赚来的，为什么要放弃自己擅长的事情去做一件自己不擅长的事情呢？为什么要把自己在股市赚的钱，通过做实业亏掉呢？"

他问我："你还有多少积蓄？"我说："100多万元。"他说："这100多万元，你应该拿去做自己擅长的事情。"

那天，我跟他一起吃潮州菜。在那样一个小饭馆里，他跟我这么一聊，我就恍然大悟了。然后，我拿了100万元，于2013年重新开始做投资。

2013年，我赚到了人生的第二桶金。雪球社区的朋友应该都知道，我曾经操作过苏宁的股票：100万元的投入金额，最低曾跌到了70万元左右，最终大概在四五百万元出来。我当时是满仓，还用了融资，整体上是五六元的成本，十几元出来，中间还做了T+0。从此以后，我的投资之路可谓是一帆风顺；再之后，我就开始做私募基金。因此，我的投资之路就是这样一个简单的过程：投资起家，发现做实业不适合，又重新走上自己擅长的路。

散户的逆袭

大学毕业后，为了解决温饱问题，我找了一份普通工作，当然也不是自己所喜欢的。那个年代，受到港剧《大时代》《创世纪》的影响，虽然没有做过股票，但当时我就很喜欢股票，对投资有着发自内心的喜爱。后来，一个偶然的机会，我进入了股票交易这一行。2005年，我成为一名美股职业交易员。

我通过短线交易入门，后来五六年里，经过几十万笔交易的历练，我逐步有了“盘感”和技术分析的功底，基本掌握了趋势交易的基础知识。

这份工作是我投资生涯的入门。随着长时间做短线交易、了解股票市场，我慢慢转变了我的投资策略。在美股做T+0交易，交易员可操作的资金是有限的，赚的钱是没法通过复利往上滚的。时间久了以后，我慢慢认识到美股交易员对我来讲也只是一个阶段性的工作。从这以后，我才慢慢地转型为趋势加基本面的策略，持仓时间也从短期变得越来越长。

2014 年，在雪球受到王一平做私募的启发，我尝试转变，开始做一名职业投资人，管理资金。转变的动力来源于两个方面：一是经济上的考量，管理更多的资金，能够加快财富积累的速度；二是个人情感上的考量，从一名股民（管理自己的钱）到一名私募基金经理，这对我来讲是一种社会地位的提升。转型为私募基金经理后，我的关注重点也发生了转移：一是关注跟随我的员工，希望他们也能实现财务自由；二是关注业绩，既然做一件事情，我就要把它做好，做优秀。

有不少“球友”认为我是“散户逆袭”最成功的大 V，我认为这个判断也算恰当。我就是一个普通人，最穷的时候连房子、车子都卖了，住在地下室，这就是我在低谷时的真实生活。

长期持有的一些标的带来的收益最可观

A 股、港股、美股，我都有涉猎。三个地方的市场哪个比较容易赚钱呢？关于这个问题，以我操作自有资金和运营基金的经验来看，最容易赚钱的是港股。

想在 A 股多赚钱，需要关注两个方面：第一个是起点的问题；第二个是估值要便宜，或者说其挣钱的逻辑还没有被发掘，这样就会有比较大的弹性。在我看来，A 股更多的是要赚快钱，赚得快就是要以投机的角度去赚很多钱。

重仓位在 A 股赚大钱有两种情况：一种是从投机的角度赚快钱；一种是身处大牛市，这时候用杠杆效果会更好。2014 年和 2015 年就属于第二种情况，我持有券商股以及一些创业板的股票，获取了丰厚的利润。A 股的特点是投机性强、散户多，很多涨得好的标的都是投机性标的。港股市场有很多大机会，也会在短时间内涨很多。总体来说，我相对还是喜欢以投机为主，结合图形、趋势做预判，所以港股相对更适合我。我认为在技术指标向好时，如果标的本身的基本面也比较好，就可以采取比较重的仓位。

美股的操作上我以中概股为主，但由于时差，投资美股要熬夜，同时还存在资金限制，所以，A 股、港股、美股三个市场对比，我个人更加喜欢港股。

根据投资体系的不同，我的投资可以划分为两个阶段：第一阶段是从初期的个人投资到做私募基金的前两年。这一时期我管理的资金在 3 亿元以内，主要是投资投机相结合，以基本面为核心，结合技术图形，采用择时的办法。

第二阶段，我管理的资金规模逐步提高，5 亿元、10 亿元，到现在管理 50 亿元，投资体系以基本面选股为主，我会将大部分资金配置在长期逻辑上比较看好的一些标的上。相对来说，这一阶段我对收益率的要求没有一开始那么高。初期开始做投资的时候，收益率要求可能会是年化 40% ~ 50%。那时资金少，操作上可以做得灵动一点，做点择时交易，还是可以达到目标收益率的。现阶段我的目标是年化收益率 25% 左右，我会投资一些长线标的，主要是追求基本面的确定性和未来成长的确定性。因此，现阶段投资，我偏向于分析公司基本面的逻辑、核心竞争力、市场空间、天花板等方面。

当然，这是核心策略，除此之外，我还会用一部分资金做一些辅助策略。比如做一些短周期的投机，或者说择时交易，投资标的包括衍生品、债券等。但是这些都是辅助策略，核心策略还是价值投资。对于一些基本面好、逻辑上看好的公司，我会拿两三年，甚至三五年，所以坦白讲，其实在雪球社区，大部分人还是不太了解我，很多人觉得我是“跑得快”。但实际上，我获取的主要利润，应该说超过十几亿元的利润是通过长期持有一家公司获得的。但很多人认为我是一个“滑头”，这显然是不了解我。

需要说明的是，我这里讲的以价值投资为主，跟传统的价投有所不同：传统的价投喜欢买便宜的，看市盈率（PE）估值有多低，然后等估值修复再把它卖了。这不是我提倡的投资模式。我喜欢有成长性、有确定性、有空间的龙头公司，它能战胜其他竞争对手，不断地夺取市场份额。至于估值，它可以是合理的，可以是便宜的，稍微贵一点也可以。就像我常说的，这个公司比那个公司优秀 10%，但是这个 10% 有复利效应，能累积。每年比竞争对手优秀 10%，那十年下来比竞争对手优秀多少呢？所以我为什么要去买那个便宜的呢？贵 50% 去买一个龙头公司不好吗？为什么要便宜 50% 去买一个竞争力弱的公司呢？我不喜欢买便宜货。稍微贵一点没问题，为什么要怕贵呢？因此，我并不喜欢称自己是价值投资者，也许“基本面投资者”这一称呼更为合理。

梦想是必不可少的

投资中有一类股票被称为“梦想股”，我觉得这个梦想其实就是一种想象空间。既然说是一种想象空间，那么它的基本面肯定是很不错的。这个想象空间可能是 10 倍，也可能是 20 倍。比如我们在提到某只股票时，称它是“中国的沃尔玛”“中国的苹果”，这些标的的市值相比海外的龙头公司，差距有 20 到 30 倍。它们就是想象空间巨大的标的，你也可以认为这是“梦想股”。

我也会投资一些梦想股，因为梦想是必不可少的。我在投资时，是要看天花板的，即看行业的空间。如果空间不大，比如只有50%～100%，但确定性很强，我也会做。但是我更喜欢梦想空间大的公司。比如我持有的一个标的，该公司在国内也是龙头公司，有较强竞争力。当然，它达不到海外对标公司的市值，但是未来上涨三五倍肯定是可以憧憬的，因为它本身的市值相比海外的龙头公司有20到30倍的空间。

说到梦想股，就不得不提到乐视。我也曾投资过乐视，原因是经过一番研究，认为它的空间挺大的。但是我投资乐视，并不是因为它的影视内容资源。我对版权摊销还是比较了解的，我知道这方面的现金流和利润都可以通过会计手段做出来。我选择乐视，是基于乐视电视。在智能电视行业，它做到了第一，包括它后来做手机以及其他智能终端，都还可以。整体看，它的模式属于内容加硬件，就像现在的小米。这一判断是我投资乐视的逻辑基础。小米成功而乐视失败，我认为主要原因是贾跃亭后续在投资方面过于冒进，甚至可以说乱投！在没有正现金流、仅靠融资的情况下，资金链最终断裂。

这类公司的钱我不会去赚

我们都知道，股票的价格是由市场决定的。但是，公司也会对自己的股票进行一些必要的管理，比如在股价特别低的时候，公司可能会采取回购来增持，在股价高点也可能会减持，这都属于市场化的行为。但是，如果一家公司的股价在很长一段时间都是由公司自己的力量控制，比如用自有资金或者自己控制的外部资金操控股价，那么这家公司的股票就属于庄股。这样的公司我是不认可的。

比如地产行业的某公司，其特点是流通盘不多，大部分股份在一个大股东手里，而且大股东还控制了一部分流通盘，所以市面上真正的流通股是非常少的。公司利用回购不断抬升股价。正常情况下，公司回购股票是有个区间的，一般在比较低的位置。这家公司却是不断回购，利用回购手段持续推高股价。股价翻倍以后还在回购，显然已经超过了正常回购的范围。我认为这有点类似庄股，它的股价并不是由市场决定的。对这只股票，2017 年我曾阶段性做过投机，但深入了解和研究之后，就再也没有碰过。哪怕它现在翻倍，我也不会羡慕，因为这更像是一种跟庄，这不是我想要赚的钱。

基金经理的核心竞争力是投资业绩

基金经理的核心竞争力是投资业绩。你的策略可以多样化，如做短线，做趋势，做价投，做量化，但归结起来，目标就是达成一个可信服的长期业绩。有可信服的长期业绩，你就会成为一名优秀的基金经理。如果你的业绩不好，或者不稳定，就谈不上成功。这一行靠业绩说话。

我刚开始做基金的时候是比较注重收益管理的，也会注重控制回撤，因为基金规模小，操作相对容易，可以不断试错。但是随着资金规模扩大，这种策略就不适合了。我现在偏重基本面选股，选择公司看长期，从长期视角出发，逢低会加仓，不会仅仅为了控制回撤而减仓。当然，如果在高位判断出转折，我也会减仓。

我们的核心是把投资业绩做出色，持续出色。我们公司也是一个以投资业绩为导向的公司。基金销售方面我们不会花费大精力去做，我们甚至没有一个专职的销售人员。我认为，把投资做好，销售自然不难。

而作为一名职业基金经理，压力自然也是比较大的，因此做这一行需要很好的心理素质。面对压力，最重要的是保持好的心态，找到合适的方式去放松。我通过运动来缓解压力。当然，做专业投资人也让我有了一些改变。在个人投资阶段，我具备一些对大局判断的能力，但对公司的深度研究和调研是不够的，而有了团队后，这方面的短板就补上了。我的分析方法逐渐从半技术、半基本面结合转向了偏基本面、注重确定性。原来的基本面在我看来就是想象空间和大局观，而现在有了专业的研究团队后，增加了确定性这个要素。此外，就是财富的增加，这也是专业投资带给我的一个改变。可以说从事专业投资，整体看我是很快乐的，唯一不快乐的就是感觉时间过得太快了，感觉自己已经老了。

做投资15年，我选择与伟大的公司一同成长

|丹羿投资|

编者语：巴菲特曾分享过这样一句话：“我是投资家因为我是企业家，我是企业家因为我是投资家。”做过实业的人，懂得企业经营的不易，投资时更愿意与优秀的公司长久地走下去；做过投资的人，看过各行各业的经营状况，在管理企业时会用更多元的视角去革新制度、提升效率。实业和投资的双重经历也会让人在面对困难时更加从容淡定。

本文的主角是一位具备实业背景的投资人，2001年从计算机专业毕业时，他从未想过今后绝大部分的人生轨迹会与投资相伴。他做了5年数据库底层语言开发，无奈其开发的过于超前的国产软件替代方案最终并未迎来属于它的荣耀。在朋友的介绍下，他踏入金融业，从研究员开始一直做到基金经理，一做就是15年。5年前，为了彻底贯彻自己的投资理念，他离开公募基金，在上海创立了一家投资公司。对他而言，实业从来都不简单，无论是做投资还是开公司。企业的经营状况绝对不只是财报中冷冰冰的数字，只有了解企业如何成长、在关键时刻如何克服困难、管理者是否具有足够好的品质，才能更懂它。伟大的企业不是生而伟大，而是在成长过程中凸显其伟大。他是一位执着于研究公司的人，让我们一起走进@丹羿投资（朱亮）的投资故事吧！

响应“科技强国”的号召，我选择了计算机专业

我出生于山东一个普通的家庭，父母都是工薪族。我家里有亲戚在20世纪80年代就开始做生意，我爸有时候会去帮忙，我有时候也会去。从小耳濡目染，我形成了最初的商业意识。

我的学习成绩还不错，1994年，我被保送到西安交通大学。那个时候大家都在谈“科技救国”“学好数理化，走遍天下都不怕”，直觉告诉我计算机行业以后会有大发展，于是我义无反顾地选择了这个专业。大学4年的课程学下来，我对这个专业很感兴趣。考虑到未来发展，我认为还是应该去东部的城市。我花了整整半年的时间全心准备研究生考试，最后考到了上海交通大学。转眼来到2000年下半年，我也快毕业了。那个时候我们专业的人找工作，比较热门的是IBM、微软、英特尔这样的国际知名大企业。有一天，我的导师问我们：“我有个同学在美国开公司，正好招人，你们愿不愿意去美国工作？”我和另一个同学觉得这是个挺好的机会，就开始准备工作签证。

2000年正值纳斯达克泡沫的高潮，那个时候在硅谷走在路上就会有人问你会不会写代码。你说会，就会有公司录用你；如果你说不会，只会做网站，也可能会被拉去公司。但现在大家都知道，那个疯狂的时代很快就要进入尾声了。

2001年3月，我和另一个同学的签证结果出来了：被拒；我们再次申请，又被拒；第三次申请，依然被拒。签证处没有给我们明确的拒签理由，但纳斯达克的泡沫已经破灭了。签证处的人可能怀疑我们的动机，“这个创业公司真的存在吗？他们去这样一家公司，真的是为了工作吗？”

就这样，我们的美国工作之梦还没有开始就结束了。

错过了找工作的最佳时机，国内外知名大企业留给应届生的职位都早已被锁定，我该去什么样的公司呢？那时正好有几个美国“海归”回国创业，成立了一家叫倍多科技的公司，团队里面有几个人是从阿里巴巴过来的，虽然当时能以相当低廉的价格拿到阿里的期权，但他们都没有拿，而是选择了创业。

做技术，我想直面挑战

倍多科技是做 XML 数据库①开发的公司，类似现在的 Oracle 数据库、达梦数据库、华为数据库，我们把底层做好，再由客户进行二次开发。当时做这个产品是想在最新的互联网数据库方面实现自主替代，对于一个做技术的人来说，底层语言的挑战性是最高的。做技术的人都想做一些有挑战性的东西，但在 20 年前实现自主替代还是很困难的。那个时候 To C（面向消费者）的中国互联网正迈出第一步，新浪、网易、搜狐三大门户网站摸索出了流量变现的方法；位于深圳的腾讯开始了对社交网络的最初探索；而西湖边上的阿里巴巴，经过多次试错后似乎也看到了电子商务的发力方向。

可以说，那个时候做应用，特别是 To C 互联网应用的企业都看到了一个大时代的曙光。相对而言，这种底层基础技术的开发——白手起家自主开发数据库，在那个国内企业热衷于国外底层技术、二次开发各种应用赚

① XML(eXtensible Markup Language)，即可扩展标记语言。XML 数据库指的是一种支持对 XML 格式文档进行存储和查询等操作的数据管理系统。

快钱的时代是过于超前了。如果再晚十几年，那么市场就完全不一样。我们投入了非常多的精力，但业务并没有实现爆发式的增长，几年后企业高层有点灰心，想要向应用开发转型。应用开发的技术含量不高，更依赖于商务关系，我们属于技术型公司，所以转型并不顺利。

我在公司做过不少业务线，比较早就发现了这个问题，后期也慢慢开始考虑自己未来的出路。当时我的一个同学，一毕业就进入了证券行业，2006 年他出差到上海，给我介绍了证券分析师的工作，我一听觉得挺好。我不喜欢天天坐在电脑前做“码农”，更喜欢和人打交道。证券分析师可以经常和各种人交流观点，但又不像纯销售那样天天陪客户，我可以充分利用我在软件行业的技术知识，兼顾技术与市场，这正是我理想中的工作。就这样，我结束了 5 年程序员的生涯，转行到了国金证券做行业分析师。

那一年，牛市也刚刚开始。

走进投资，我做出了行业前 10% 的业绩

在做卖方研究员以前，我对投资没有太多概念，一切要从零学起。刚进国金证券，我发现和我同一年毕业的经济专业的同事，已经多是首席或资深分析师了，基本领先我 5 年。不过没有关系，我相信，有实力的人可以很快弥补这个时间差。

我学了多年的计算机专业，在软件公司也做了 5 年实业，要理解软件行业是比较容易的。比如云计算、中间件的相关技术，很多人都搞不清楚这是什么东西，但对我来说是轻车熟路。计算机公司想要忽悠我是不容易的。

在国金证券待了 2 年，华宝兴业基金的研究总监找到我，问我愿不愿意去做买方。同样是做研究，卖方重点是把服务做好，推荐股票是次要

的，但我的兴趣并不在兜售服务上；买方则是直接为投资经理提供股票，观点要明确，更注重实战，就像真枪实弹上战场，这才是我想要的。我没有太多犹豫，选择了跳槽到华宝兴业。

没想到，在华宝兴业一待就是 7 年。2008 年 6 月底我到华宝兴业后，负责整个计算机行业。第一年我推荐的股票让基金赚了不少，很快就被提升为基金经理助理。和研究员相比，这个职位让我熟悉了更多的行业，进行了更深入的行业比较。只做一个行业的研究时，看问题的视角会比较狭窄，你可能认为你研究的某个公司是该行业里最好的了，但是如果多看几个行业、拿它与其他行业的公司比较，可能就不是了。做基金经理助理这 3 年既让我研究了更多不同类型的行业和公司，也让我明白了行业之间的传导和轮动机理，这些都为我做基金经理打下了坚实的基础。

2012 年年中，我开始管理基金。直到 2015 年我离开公募，这期间我的业绩都还不错，3 年下来基本排在行业前 10%，也拿到了“3 年持续回报股票型明星基金”和“3 年期开放式股票型金牛基金”这两个重量级奖项。

努力过后的回报或许会迟到，但不会缺席。我的投资之路虽然有些曲折，但我还是做到了我想做的，业绩不会说谎。

成立公司，贯彻我的投资理念

自己做基金经理是大部分投资做得好的人或者对自己投资能力很有自信的人都会迈出的一步。2015 年，我向华宝兴业提出了离职。

在自己成立公司和加入一个成熟平台的选择中，我决定自己做一家公司。在一个成熟的品牌里，不管是公募基金还是私募基金，都需要融入企业文化里面，需要向原有的文化和制度妥协，最终可能很难把自己的投资理念贯彻下去。另外，我也想看看自己是否具备白手起家做成一家公司的能力。

在公募基金，投资有很多限制。如果我看好一只股票，那么购买的比例是有限制的。假设普通库只能买仓位的2%，核心库能够买4%～5%①，而我想要买8个点的话就需要开“投决会”。举个例子，对于技术复杂的科技类公司，参加投决会的同事可能恰巧不懂这个行业，他们的投资风格可能也是周期类，跟这类同事解释复杂的技术和成长股投资理念，甚至让他们理解公司是做什么的都不太容易，让他们投赞成票就更难了。所以开会有时候并没有办法达成想要的结果，最终还是只能买原有规定的比例。

我把公司取名为“丹羿”，“丹”是红色的意思，我姓朱，也是红色的意思，A股股票涨也是红色，综合起来，就是丹；“羿”是后羿射日的羿，比喻一飞冲天。但没想到公司刚成立，我们还没有“飞上天”，就先遇到了股市大幅下跌。

2015年6月，我们发行了第一只基金产品，转眼间市场就开始崩溃式下跌，6月沪深股市下跌了16.85%，7月下跌了11.99%，8月下跌了12.43%。我们的产品在最初两个月也跟着大盘一路下探，引发了不小的回撤，截至2020年，这也是我们产品最大的一次回撤。不过在接下来的几个月，我们抓住了一些结构性的机会，到年底基金只有微弱的浮亏。

---

① 公募基金有“双十”限制，即单一股票持仓不能超过基金资产的10%，一家基金公司旗下所有基金持有同一只股票不能超过该股票市值的10%。

股市受挫，我开始检视方法论的问题

2016 年的市场依然不好，年初发生了熔断，1 月沪深 300 指数下跌了 21.04%，全年市场下跌了 11.29%。我们的业绩虽然没有进入市场前 20%，但是还算说得过去。

2017 年上半年，我们的业绩明显跑输指数。眼看着“大白马”股票领涨、明显跑赢沪深 300 指数，我们的净值却和创业板的走势一样，一路下跌。这是我入行这么多年以来，第一次明显跑输市场。原因是什么？我思考了很多，不断检视方法论的问题：首先，我还在沿用之前公募的模式，重赛道、轻公司，但是以前那种四处出击的方法已经不能带来很好的收益了；其次，我以前的习惯是只看新兴行业，这是不对的，传统的消费品公司只要符合大市场、小公司的特点，那些有核心竞争力的企业依然能够实现持续增长，无论是茅台、恒瑞、伊利还是平安，过去十几年大部分时间都在上涨。我当时发现，以“长期持有好公司”的理念，去做投资是一件比较轻松的事情。

在 5～10 年内，什么样的企业可以持续增长呢？核心要素只有两个：一是市场潜在空间要足够大，水深才能养大鱼；二是企业一定要有核心竞争力，护城河要深，最好能做到“人无我有”或者“人有我优”。这种企业拥有差异化的竞争能力，即使在行业不增长的情况下，也能吃掉对手的份额，实现挤压式增长。

2017 年后，我们开始把研究的重点从之前的赛道转到企业上来，重点研究企业的护城河在哪里、有没有差异化竞争的手段。经过策略和理念的升级，我们从 2018 年开始走得比较顺利，公司终于像我们取名的寓意那样有了发展和飞跃。我也想特别感谢一下我们的老投资人，陪着我们一路走来，不离不弃。

我如何分析一家公司

分析一家公司是一件非常复杂的事情，我可以跟大家说几天几夜，这里就不展开了，仅分享两个小的视角。

第一个小视角，我刚入行的时候，研究所的老师对研究员要求很严格，要求我们用 DCF 模型①估值，一预测就要预测 10 年。这是一个对参数非常敏感的模型，比如假设永续成长率从 3% 变成 4%，那么估出来的股票价格可能会翻一倍，那到底是该给 3% 还是 4% 呢？又或者为什么不是 5%？说实话，那个时候我们也不懂，只是盲目写个数字，凑出一个看起来不太离谱的股票目标价格。

多年后，我终于明白使用这个模型其实不用纠结具体的数字。实际上 DCF 模型是很好的估值分析框架，在估值的时候，它会逼着你考虑一些长远的东西，例如这个公司是否会长期存在、增速是多少。一个企业只依赖行业的高增长，是很难实现持续增长的。在中国，很少有公司能够连续 3 年保持在风口上，例如 2013—2015 年大火的移动互联网概念股，很多公司已经被打回原形了；2016—2017 年的锂电池在后面两年也很惨。如果一个企业能够连续 10 年保持高增长，它一定有很深的护城河和出色的核心竞争力，在行业不增长、风口过了的时候，依然能够持续地增长。所以，这个

① DCF 模型，即现金流贴现模型，是把企业在未来存续期内的所有现金流贴现到今日，得到的数值就是企业的内在价值。

模型能够从长期视角让我们发现企业真正持续增长的本质在哪里。

另一个小视角是看公司的管理层，我发现企业家对于公司来讲是非常重要的因素。成功的企业家往往具有专注、格局大、愿意分享的品质。

专注。上市公司需要专注做事情，因为不管是人、资金还是时间都是有限的，一些公司在主业发展比较缓慢的时候就想去别的行业做一些投机。炒股的人退出成本很低，而做实业没有这么简单，跨到一个不熟悉的行业，花了很多钱建厂房、招聘，不想做了不能像股票一样卖掉，因为沉没成本很高。2015 年很多上市公司做跨界、搞并购，到 2018 年却只能做商誉减值，那一年有 300 多家上市公司的控股股东换人。我看过太多盲目多元化造成的恶果，专注非常重要，它是长期主义的体现，在长达 10 年的时间对自己做的事情坚定信念，不为短期赚快钱的机会所吸引，这是对企业家定力的衡量。

格局。如果一个老板开公司的主要目的是赚钱，那么和任正非这样的企业家相比，大家愿意做谁家的股东？肯定是任正非。我们要寻找持续为社会创造价值的企业家，一个人的价值在于他为多少人创造了多少价值，企业也是如此，所以一个企业家一定要有相对大的格局，不能只看“一亩三分田”的事情。

分享。俗话说，财散人聚、财聚人散。企业是一个组织，需要团队一起把一件事情完成，只靠老板一个人肯定是不行的。一个企业能做多大，最终依赖于人，人才很重要，企业一定要愿意分享，让奋斗的同事分享到成功的果实。那怎么去发现这种企业家呢？在调研一家公司前，首先我会去找这个企业家公开的演说，公开的言论在一定程度上代表他的价值观；其次是去现场调研、交流，感受企业家的气场和魅力；最后是追踪，我们会追踪一些重要的里程碑事件，比如新产品的研发进度、销售网络的铺设进展。如果一个企业不断地兑现自己的承诺，时间长了大家之间的信任感自然就建立了。

投资，不只是工作，也是爱好

说起兴趣爱好，我好像真的没有什么爱好，大概有20年没有正经地看电视了。我除了陪伴家人外，其他大部分时间都在工作。你们可能觉得这样很无趣，我却乐在其中。

我做投资不是看短线炒股票，而更多是从产业、公司的角度出发，需要研究行业的发展趋势、竞争格局，以及公司。研究不仅是对着电脑，还要和人交流，这本质上和在学校做课题是一样的。我是理工科的技术男，以前我们读书的时候，经常会遇到一些难题，我总会想办法做出来。我是喜欢研究的人，这也算是做投资的一种天分吧。

做投资的人都有爱研究的“职业病”。例如日常生活中，看到一些身边的现象、新闻，我都会去想这方面有没有投资机会，想要了解一家公司是做什么的、怎么赚钱的、竞争格局如何。喜欢做研究的人，吃饭、工作、睡觉的时候都会想着如何研究。研究其实无处不在，就像我们买房、买车一样，也都会去看看地段、车型，甚至周末想出去吃饭也会研究一下周边哪个餐馆有特色。

除了研究股票，我平时还会看一些书，看得比较多的是企业类传记的书，比如讲星巴克的《将心注入》、讲耐克创始人的《鞋狗》。从这些书里，我们可以看到一家伟大的企业是如何成长的，在企业发展的关键时期管理层在企业战略、经营战术上是如何抉择从而克服困难的，这些内容是无法从财报和研报中冷冰冰的数字里感受到的。

回头去看企业做过什么，也会加深我对企业竞争力的理解。有些企业天生就处在优秀的行业，这些行业具有很高的门槛。但大部分企业处于普通行业，里面的龙头企业都历经了几轮厮杀，在一步步的战略决策中慢慢领先对手，铸就了自身的竞争优势。

企业之所以能构建自己的护城河，更深层的原因在于“人”，在于比竞争对手更优秀的管理层和业务团队。方法易学、团队难求，通过管理层对商业模式的深度思考和前瞻布局，公司在不起眼的行业一步步打造自己的护城河，一步步领先对手，走向成功的彼岸。

这也是我研究的乐趣之一，从财务数据到商业模式，从商业模式到管理层，不断抽丝剥茧，挖掘出投资中最本质的东西。我一直致力于寻找最优质的资产，这些最本质的东西不断地引导我去找到它们，然后把它们作为投资生涯中的“非卖品”，因为在未来，它们都会是最稀缺的资源。

入市17年，我的生活目标大部分实现了

|DAVID自由之路|

编者语：2000年，一本名叫《富爸爸，穷爸爸》的书在国内刮起了飓风，书中“不要做金钱的奴隶，要让金钱为我们工作”的理念给尚未被普及理财概念的国人以巨大的震动。一位参加工作不久的理工科青年翻开此书后如获至宝：原来人生除了工作和生活之外还有第三种选择，那就是财务自由！

一颗向往自由的心由此被激发，他开始研究什么是投资、怎样做投资，并走上了一条属于自己的低风险投资之路。一转眼，这位曾经的青年早已过上当年憧憬的自由生活。低风险也可以实现财务自由吗？@DAVID自由之路的答案是：可以的。

你不可能每天过不一样的生活，除非你去流浪

上中学的时候，一位同学曾经问我：“你希望未来的生活是什么样的？”我的回答是“希望每天过不一样的生活”。“那是不可能的，除非你去流浪。”她说。

我出生于1977年，成长在一个变革的年代，从小学、中学再到高中，

我一直感觉生活在不断变化。那时候我的想法是：虽然我现在没钱，但是等我赚了钱以后，每天都可以过不一样的生活。然而我念完大学、研究生，参加了工作，才发现生活依然不自由。上学的时候，我们把时间交给了老师，每天可以学到不同的知识。而工作后，虽然赚了钱，但我们也出卖了时间，工作朝九晚五、周而复始，别说每天过不一样的生活，如果在一个单位工作一辈子，那简直是几十年都在过一样的生活。

“真的没有办法自由地生活吗?”

直到有一天，我读了一本书——《富爸爸，穷爸爸》，这是21世纪初的畅销书，虽然内容很浅，但它是我看的第一本投资类书籍。通过它我知道原来还有另一种生活，叫作财务自由。这意味着我可以不工作，依靠投资就能够满足生活所需。于是财务自由成了我生活中的一个目标，因为我知道，只有当我们不需要为收入而奔波，才能更好地体会自由职业者那种飞鸟翱翔在蓝天的感觉。如果实现财务自由，我小时候的梦想就能够实现。

我的“傲慢”，让我的职业生涯有了大的裂痕

作为一个“70后”，我见证了中国经济的大发展。

在我上大学前，中国社会的物质还非常短缺。高中的时候我曾经和同学说：“我希望以后能自己赚钱买一辆山地车。”当时别说汽车，即使是电视机也要花掉一个家庭几年的积蓄。那时的生活非常平静，城市面貌和生活水平也没什么变化，但是中国财富的“大裂变”正在孕育中，一些故事慢慢开始流传。比如有人进入外企工作，月薪好几千元，在大部分人月薪不到500元的那个年代，这样的收入会给人带来很大的诱惑。记得1999

年，华为来我们学校（西安交通大学）开招聘会，开出的年薪已经达到8万元，我参加了华为的面试，很不幸被淘汰了。

本科学习结束后，我选择去上海交通大学读研究生，毕业后我去了上海移动工作。当时本来有机会去华为，但是我不甘心，一方面，很多大学同学本科毕业就去了，我研究生毕业再去总觉得会慢半拍；另一方面，上学的时候我在创业公司做过兼职，了解到做乙方的艰难，心里想着去移动这样的大甲方要舒适很多。进入上海移动以后，起步的收入还是很令人满意的，到手的年薪超过10万元，甚至高于华为。但是工作的前景让人压抑：移动的升职加薪按岗位划分，升一岗一个月能多拿一千多元，但是升岗名额卡得很严，如果我一直在这里工作下去，似乎能看到自己的未来，那就是努力工作，让领导满意，争取岗位晋升，一年能多赚个一两万元的工资。天哪，我的人生之路被一眼看穿了，难道我的将来就被定格成这样吗？

在上海移动我还面临另一个问题：我和当时的女朋友（现在的老婆）两地分居，我在上海，她在北京，长期异地非常痛苦。在上海移动工作2年以后，我找到了一个机会借调到北京的中国移动集团的研究院工作，但这并非长久之计。

机会终于来了，2006年集团内最热的数据部开启内部招聘，我看了一下岗位，有一个岗位正好是我目前所做的工作，而且地点就在北京。于是我参加了笔试和面试，面试我的是各部门的领导，他们让我等待通知。我本以为通过招聘是一个板上钉钉的事，但招聘结果出来后，其他人都成功了，而我是唯一的失败者。我失败的原因在哪里呢？后来数据部部长和我说：“在内部招聘的这几个月里，其他人把我办公室的门槛都踏破了，而你一次都没来过，你真的想来这里？”所以，我失败的原因，就是“傲慢”。

股市是一个公平的市场，你不需要低头求人，也不需要效忠某人

1997 年我开通了 A 股账户，开户花了 90 元。当时我刚 20 岁，投入股票的资金大概有 2000 元，进进出出似乎赚了几百元。我觉得没什么意思，账户就被闲置了。

2004 年我从上海移动借调到北京，趁着这个机会和女友结了婚，并在北京买了婚房。那一年我也再次步入股市，寻求更多的投资机会。最初我在股市投入了 3 万元，买了华联超市、北京城乡、邯郸钢铁等，有些小的亏损，后来股市一路下跌，我不敢加仓，心里也比较焦虑。直到有一天，我在网上看基金论坛，看到一个很吸引人的投资品种，叫作封闭式基金。这种基金在成立后就不接受新的申购和赎回，投资人只有等到新一轮的开放才可以操作。封闭期间流动性的缺失给基金带来了净值折扣，2004 年折扣大概有 20% ~30%，经过测算，我发现这是一个很好的投资机会，于是买入了不少封闭式基金。

不曾料到的是，熊市接踵而至，封闭式基金价格不断下跌，折价也不断扩大，最大的时候折价突破 50%，我们亏钱了。我们该怎么办呢？我和老婆再三分析和讨论后，觉得这是个千载难逢的机会，我们决定把过去 3 年的住房公积金都取出来，加上每月剩余的工资，全部买入封闭式基金。

这期间封闭式基金跌跌涨涨，没有起色，随后 2006 年到来，牛市开启，封闭式基金的折价从高点的 50% 不断回落收敛。11 月和 12 月是激动人心的两个月，封闭式基金像一头刚睡醒的雄狮，连续几天封在了涨停板，两周后，折价率回调到 25%，我的盈利一下子超过 50 万元。

这一年，我也刚好经历了移动公司内部调岗的失败。2006 年 12 月 31 日，我向公司提交了辞职报告。虽然我不知道路在哪里，但是我已经信心十足，无论未来如何，我还有股市，这是一个公平的市场，我不需要低头求人，也不需要效忠某人，只需要通过我的判断和交易就能为自己争取领地和空间。

50 万元离财务自由还很远，我继续踏上工作之路

虽然 2006 年我的收益率还不错，但距离实现财务自由还很远，50 万元还没有高端职场人士一年的奖金多，于是我又踏上了求职之路。在面试了几家大公司后，我最终选择了一家做通信的小民企，他们给我的年薪是 12 万元，与我在上海移动的收入一样。说来也可笑，我在上海移动工作 5 年，到这时收入零增长，净资产收益率（ROE）永远是最重要的，赢在起跑线不代表能赢在终点。

2007 年市场很快突破 3000 点，身边的“股神”多了起来，我的担忧也越来越多。封闭式基金继续涨，我买的华菱管线很快就翻倍了，我开始减仓再减仓。最后看到 B 股还有大约 40% ~50% 的折价，于是买入了一些 B 股。慢慢地，我的股票仓位降低到了 30% 以下，剩余资金参与无风险的新股首次公开募股（IPO）。在 2007 年的大牛市，虽然“恐高”的我在收益率上跑输了不少人，但收入还是有了大幅的增长，到年底我们在股市累计赚到了 100 万元，算是有了第一桶金。

在第二家公司的工作一晃 5 年半过去了，和在移动时相比，这里没有复杂的人事关系，工作起来会简单许多，但是产品研发迟迟没有得到突破，老板长期“画饼”却始终不愿意在产品研发上有足够的投入，这让我

和几位老员工最终决定离开。

这时不断有猎头找我，但工作都不合适，主要以疯狂出差的职位居多，这不是我想要的，毕竟我已经有了选择的自由。机缘巧合之下，一家公司的研发总监联系到我："你是不是在通过猎头找工作?"圈子太小了，我以前和他合作过，他是无线网络的高手，而我擅长核心网，我们互相都很欣赏对方的技术能力。这家公司现在想要开发移动互联网大数据分析平台，和我的需求完全一致，依托它我又有机会实现打造产业界 NO. 1 产品的梦想了！和我谈完后，他们给我开出的年薪是 30 万元，经过 5 年的时间，我的收入终于实现翻倍，更重要的是我的工资收入终于超过我老婆了。

新公司在业界的口碑不错，员工的工作积极性远超过我的第二家公司。研发总监在我们入职后给每人送了一本杰克・韦尔奇的《赢》，他也完全按照"2/8 法则"来管理团队。我负责的大数据分析平台研发进展很快，一来这个产品我在上家公司基本已构思完毕，二来公司的激励机制让团队成员非常有干劲，难关一个又一个被攻克。2012 年底，我们的产品性能和功能已经上了一个大台阶，研发团队最努力的一位同事，每周工作 60 小时，入职 2 年实现了收入翻 3 倍。2013 年，我们的产品 1.0 终于发布，公司给的年终奖和项目奖都超过我的预期，这让我心中非常暖和，虽然和股市上赚的不是一个数量级，但这代表一种价值认可。

而与此同时，投资的成功导致我的心态发生了变化。既然牛市和熊市我都能获得 N 倍于年薪的利润，那么靠投资养活自己和家人已经不是问题，未来我是继续在职场努力，还是寻找新的生活模式呢？大老板提出让我组建市场部，但公司规模已大，也不大可能给我多大比例的期权，起码和我持有的中行转债相比，在期权价值上不是一个数量级。另外单就薪水来讲，职场上 50 万元的年薪也基本到顶了。由于使用的投资品种越来越多，我越来越感觉到力不从心，投资和职场真的很难兼顾，是到了该放弃的时候了。如果我不能把工作做到极致，那还不如把职位交给其他人，给年轻人更多的机会。于是我和研发总监沟通了离职的事情，经过坦诚的讨论，我们达成了一个意向：等产品 2.0 开发结束后，我将以顾问的角色帮助公司开发产品，每周来公司工作半天，平时邮件沟通，月薪 5000 元。

彻底告别通信业，全心拥抱投资

2010—2013 年，我的投资收益比较普通，4 年投资收益率共计 30%。初期持有的银行股和保险股，在 2011 年大盘下跌时造成了大约 15% 的亏损，这也是我投资生涯中最大的一次年度亏损。后来我转做分级 A 和可转债，虽然把 2011 年的亏损全部弥补回来并赚了不少，但是这 4 年的复合年化收益率不到 10%，根本原因就是一次较大的年度亏损中断了复利的高速增长。所以这时候我决心专做低风险投资，尽量控制回撤。

2014 年我开启兼职生活后，市场开始转暖，大的赚钱机会又来了。2014 年 11 月到 2015 年 8 月，各种分级基金套利的机会层出不穷。先是 2014 年 11 月和 12 月的分级基金溢价套利，当时场内申购分级母基金，两天后拆掉就是 10% 的收益率。这样的机会差不多有 4～5 轮，即使前两轮观望没参与，只要后面参与进去，差不多就是 30% 的收益率。

疯狂的溢价套利结束后，分级基金的规模膨胀了几十倍，然后产生了漫长的折价套利机会。每 3 天一个周期，折价 1% 左右，这样的机会从 2014 年 12 月底一直持续到 2015 年 7 月底，其中 2015 年 7 月曾经出现好几轮 4% 的折价。2015 年股市大幅下跌期间还出现了分级 A 的低折套利机会，3 天时间有 15% ~20% 的套利空间。

我在这一阶段不断做分级基金轮动套利，2014—2015 年我赚到了 3 倍于本金的收益，非常满意。这一次跟 2007 年不同的是：我完全放弃了对指数的预测，专心赚取相对收益。2007 年我因为对指数“恐高”，基本上放弃了所有权益类多头的仓位，将投资品种收敛到新股申购这样几乎无风险的品种里，错过了“大肉”。而 2014—2015 年这一次，我确信指数和个股具有不确定性，所以把投资的重点放在确定的相对收益上，反而获得了指数上涨和折价的双重收益。

兼职工作虽然比全职轻松不少，但还是会耗费我不少精力，这样的兼职状态大概持续了不到一年，2014 年 9 月底我辞掉了公司的工作。就这样，我彻底离开了工作 12 年的通信行业，全心投入金融领域。

做投资第一次面临压力

离开公司后，我一直在思考接下来的人生规划。在我的职业生涯中，我大部分时间都在做产品经理，做一款优秀的产品去满足客户，会让人很有成就感，我非常喜欢这个岗位。离职后，有私募公司看到我长期在网上连载的内容，想邀请我做合伙人，但我的理想是自由生活，这些邀请被我谢绝了。有没有一种职业可以兼顾自由和投资呢？和朋友、家人聊了不少后，自己做基金经理的念头在我心里萌生了。

在我确定想法后，很多人找过我，谈怎样把规模做大、怎样在大平台多发产品。我发现我不仅没有兴趣，甚至还有些恐惧，我并不适合做老板，在内心深处，我是一个产品经理，只想把产品做好。我既不需要贪求多和全，也不需要虚张声势和过多的营销，我为的只是多年后，有人说这是一款好产品。

转眼到了2016年，我的产品成立了。从个人投资者到基金经理，角色变化是非常巨大的，做个人投资者的时候我没觉得投资很难，但2017年底，我作为基金经理第一次感受到了压力。当时行情极度分化，指数涨而个股不涨。做产品初期类似赛马，别人没看到你的长期业绩，难免用短期业绩评价你，初期阶段性的落后就会让人对你产生怀疑。当时有些人说我的投资策略已经过时，对于这种非议我没什么好辩解的，只能靠未来的业绩来回击。

2018年7月我也有过一段时间的压力，当时持仓6%的一个债券大跌，投资人担心我踩雷，开始议论纷纷，好在这笔投资最后安全兑付了。其实拉长时间看，这笔钱当时就是全部亏光对长期业绩影响也不大，但是别人看的不是长期净值，而是你踩雷了！记得2007年的时候，我因为仓位比较低，收益率跑输了大盘。当时我把收益率放到网上，很多人觉得很失败，但是在2008年结束后再回来看，我的收益率跑赢指数很多，这说明短期的业绩不一定能代表长期的走势。但没有办法，如果是个人投资者，短期业绩不好或者踩雷可以不告诉别人，所以完全没有这方面的压力，而做基金经理就要把这一切坦露出来，任人评说。

在我的投资人里，既有亲戚、朋友、同学和以前的同事，还有一些虽然未曾谋面但是特别信任我、这么多年从未对我的投资施加任何压力的投资人。其实比起自己赚钱，不辜负他们更重要，幸亏我做到了。

我对投资的思考：在不确定性中寻求确定

投资这么多年，我发现自己经常预测失误：感觉牛市要来临了，结果继续下跌；感觉熊市还没结束，结果牛市来临；感觉大盘股被低估，结果小盘股天天疯涨；感觉市盈率已经跌破5倍，结果一个业绩亏损之后不知道市盈率是多少了；感觉这个行业“躺着能赚钱”，结果一个政策下来，赶紧“站起来”吧。

股市中充满了不确定性，随着机构投资者的增加，股票定价过程中也存在充分的博弈。我总是问自己，凭什么我就比交易对手聪明呢？后来我发现，放弃预测并按照一些方式机械性地操作股票，反而能赚到钱。比如我想参与网下打新，必须选出一些A股作为“门票”，我青睐A股和H股两地上市、H/A折价较小的A股。按照同股同权来考虑，如果H股和A股价格差不多，说明国内投资者和国际投资者对股票价格的分歧较小，那么相比其他股票而言，这类股票的市场定价可能更加准确。

在十几年的投资生涯中，如果总结还算成功的经验，我觉得有三点是我一直坚守的。

第一，寻找长期做多中国的“锚”。

我们这代人经历过中国改革开放后的大时代，对中国和中国资产都充满信心，所以我的投资一直都是做多中国、看好中国，相信中国必然成为更伟大的国家。市场上的投资品种很多，有股票、房地产、债券、大宗商品、外汇、比特币、收藏品等，如果选错了“锚”，就是走错了路，越努力亏得越多。

各类资产配置方式我都思考过，大宗商品、外汇、比特币、收藏品都是不能收息的资产，只能靠割“韭菜”赚钱，长期看是“零和”，不值得投资；股票、房地产、债券三个品种中，当前房地产的租售比在1.2%左右，相当于80倍市盈率，而沪深300指数的市盈率约为15倍，所以主仓配置应该选择股市。

中国的固收市场收益率也高于欧美日，所以我长期采用股债平衡策略：当股市低估或者正常估值时，以股市仓位为主；当股市出现高估时，以股债平衡为主；当股市出现泡沫时，则将主仓位转移到债性资产。

第二，折价轮动。

对于股债平衡的持仓，我首先排除有风险的品种，在剩下的品种中选择上升概率高的“电梯”，然后利用折价做轮动。只要“电梯”不坠毁，我们就能获得超越“电梯”的上升速度。

第三，相信均值回归。

任何指数都不可能一直保持上涨，总有均值回归的一天。不论是一只股票、一个行业，还是一只基金，它的收益率总会存在均值回归。

均值回归的不仅是绝对收益率，还有相对收益率。投资收益都会有大小年，但是均值回归是无法预测的，你不知道哪一天回归。如果因害怕均值回归而选择保守，那么结果就是不仅无法阻止均值回归，还硬生生把长期投资收益率拉下来了，并不可取。因为均值回归并不一定出现在高收益后的隔年，而可能是未来你无法预测的某一年或者某几年。对我而言，我会看淡外在的基准值，重点关注自己的内在目标和逻辑是否成立，如果符合我的标准，即使收益率不理想我也不会修正策略；反之，即使收益率很好也要反思。

我是 2004 年正式入市的，到 2021 年已经有 17 年了，这一路走来，无论是工作、生活还是投资都还比较顺利。虽然我没有去流浪，但也过上了不一样的生活，还记得 2012 年我在雪球发的第一篇长文，在里面我写下了生活的三个目标：

（1）如果通过投资可以获得财务自由，则找机会改变目前全职工作的状态。

（2）如果不做全职工作，就找个私企挂靠做自由职业者，好处是有时间做理财、有人给交社保、工作能力不会生疏，同时有时间做自己想做的事情。

（3）自由职业者做烦了就再去做一段时间的全职工作，换换心情，这样周而复始。

现在回头看，这些愿望大部分实现了。

感谢这个时代，感谢中国。

十年投资路，我的变与不变

|吉普赛007|

编者语：故事的主角是一位机械工程设计师。2010年，他因买房时被要求开立股票账户而开启了投资之旅。从最初用6000元试水到最后把所有的可用资金都投资到股市，投资已经成为他生活、工作乃至人生的一部分。对他而言，投资最大的魅力在于：如果在市场中赚到钱，自然就会产生乐趣，然后就会喜欢上它，进而不断地投入时间去研究它，赚到更多的钱，周而复始，欲罢不能。他就是@吉普赛007，让我们一起走进他的十年投资人生路吧！

我是一个特别要强的人

我叫范建平，雪球ID是"吉普赛007"，这个ID源自大学时期我在图书馆看到的一篇名叫《吉普赛的家》的文章。吉普赛是一个流浪的民族，他们怎么会有家呢？当时我觉得特别有意思，就经常把它用作网名。

我来自武汉市的郊区，一个很偏僻的镇，离麻城不远。一直以来我都是非常要强的人。在我小学的时候非常流行玩“打撇撇”①，有一次我被一个同学赢了几把，第二天我又找到他，想赢回来，不过那个同学说什么也不和我玩了，一气之下，我把所有的“撇撇”全都撕了。自那以后，我开始不断地研究里面的手法、技巧和力度，最后在小学里还真没有人玩“打撇撇”能比得过我的。

获得硕士学位后，我希望找一份有“钱”途的工作。尽管我通过了三一重工的几次面试，但卡在了最后的笔试上。之后我分别拿到了杭州和上海一家设计院的录用通知书，最后我还是选择留在上海。

职业生涯中，我印象最深的事是为一家中国台湾公司做钢厂设计，那家公司的整个设计和管理体系跟大陆都不一样，双方磨合起来很困难。我们每周都有例会，每次开完会后都要改很多内容。设计最难的事就是频繁改动，一版工程设计稿改十几次都很正常，尤其是施工图已经进入抠细节阶段再修改，工作量十分巨大。工程设计说起来很容易，但是要细化到图纸表达中，一个专业的变化会引起另一个专业的变化，相关设计都要重新做，而且这个时候修改非常容易出错。当时我的感觉就是一直在加班，修改了一版又一版，没有尽头。这个项目之后，我明白了一件事：任何时候都要做一个要强的人。

误打误撞入市，研究股票成为我最大的乐趣

由于看过郎咸平的一系列关于房地产要崩盘的书籍和视频，我错过了

① 打撇撇：指将纸折成一个方形的纸片，用自己的纸片拍打对方的纸片，翻面后就算赢的一种游戏。

2009年购房的大好时机。2010年，我最终决定在上海购房，办理银行贷款时，按照要求在申银万国开通了股票账户。上学时我喜欢看一些财商类的书，当时罗伯特·清崎写的《富爸爸，穷爸爸》一书风靡全球，我看了很多这类图书。美国前总统特朗普还和这位著名的大作家合著过一本书。之后我还看过类似《小狗钱钱》这种浅显易懂的入门级读物。

初入股市，我马上想起《富爸爸，穷爸爸》中提到的与股票相关的内容，罗伯特·清崎会反复看《战胜华尔街》，于是我很快买了它的姊妹篇《彼得·林奇的成功投资》，每天中午在办公室休息时我都会拿出来看。书中有对各种股票类型的划分和分析方法，包括一些很有意思的讨论，如心理调节等，非常实用。我还记得在看到“tenbagger”（几年内能涨10倍的股票代名词）这个词时，我非常兴奋！

有人曾说：“如果你不能用一分钟理解价值投资，你将一辈子都无法理解。”从一入股市开始，我就理解了什么是价值投资，所以一辈子都不会去学习技术分析。虽然好友多次让我去看看欧奈尔的著作以及《股票魔法师》这种类型的书籍，但是我从来没有翻开过一页。

2010年初入股市时，我当时积蓄不多，又刚买完房子，所以只投了6000元。我买的第一只股票是工商银行，它的业绩稳定增长且估值低。后来我又买入了与自己工作的行业相关的股票，如中材国际和三一重工。中材国际的历史增长速度很快，加之当时水泥板块出现了大面积涨停潮，中材国际是水泥板块的总承包商，因此我判断不错就买入了，随后一个月股票翻倍；同时买入的三一重工涨了35%。当时我后悔为什么没有全仓买入中材国际。

因为在股市里一直赚钱，于是我持续投入资金，我们家从那时起除了日常消费的钱以外，其他的钱会全部投入股市。2014—2015年，我在股市里的钱累积得越来越多，每年从股市里赚的钱开始比工资多了。

股市不错的表现让我对它的兴趣越来越浓厚，我下班回家就看与投资相关的书，逛股票论坛。那时有一个资源很全的平台叫作“迈博汇金”，我每天都下载相关研报来看，看到数据分析、盈利预测就很兴奋地一边研究一边投资。

2015 年，上海的房地产政策有一些宽松的迹象，我也一直在考虑买房的问题，4—5 月，我陆续卖掉了股票，为买房准备资金。经过几个月的折腾，房子的事情终于搞定，2015 年下半年我重新回到股市。这一年涨的主要是小股票，只要跟“互联网 +”沾边儿的股票都是好几倍的涨幅，旅游板块的腾邦国际当时市值到了 300 亿元左右，一年多的时间涨了一二十倍。很多人当时因为配资赔了不少钱。他们虽然在股市大幅下跌前赚了一两倍，但配资的时候资金增加了好几倍，跌了 20% ~30%，就导致亏损。

股市收入超过历年工资总和，我开启了职业投资生涯

2015 年我注册了雪球账号，利用空余的时间，我重点研究了锂电池行业。2016 年是新能源大年，牛股满天飞，天赐材料、多氟多、赣锋锂业、天齐锂业都走出了大行情，“有锂走遍天下”就是从那时开始流传的。记得有一天我赚了 10 万元，那一天是那个阶段我赚得最多的一天。

2016 年，我在新能源领域尤其是锂电池方面做得还不错，一个上海的工作室邀请我加入，作为员工分享投资心得，每个月支付我一些报酬。写东西不仅可以让我进一步整理思路，对投资有帮助，最重要的是那里还有一起奋斗的小伙伴。当时我就爽快地答应了。在那家工作室工作了一年左右，负责人觉得我做得还不错，让我去新的工作室做负责人。虽然写东西能挣钱，但是可能会存在合规性问题，而且这不是我的志向所在，所以最后我选择了放弃。

2017—2018 年是房地产大年，2017 年不少雪球的用户都在讨论房地产。在参考了不少球友的文章后，我细致分析了行业和公司，选择重仓融创中国。尽管有其他板块拖后腿，但整体取得了比较理想的成绩，国庆的时候我在云南旅游，因为融创涨了很多，心情特别舒畅。融创那一年的股价涨了 4 倍多，我在那一年赚到的钱也几乎超过了工作以来赚到的所有工资。

2010—2017 年的 8 年间，我每一年的投资都是赚钱的，尤其是 2017 年投资盈利的大幅增长让我感觉设计院的工作不再有那么大的吸引力了。工作室的经历让我明白自己有做投资的志向，于是我开始考虑自己做投资公司，专注投资。

那 8 年我几乎把所有的闲钱都放在股市中，这也鞭策我去研究各行各业。我对投资的理解是从论坛、研报、投资类书籍中一点一滴积累起来的，然后在实战中反复验证、修正、提升。

我最早关注的行业是与本职工作相关的水泥、工程机械，之后是白酒、新能源、房地产，医药行业我也一直在研究。很多人都知道我研究医药股，我最早是从中药注射剂开始关注医药行业的，大规模地研究医药股始于某证券公司研究员的一个投资组合，即 2012—2013 年推出的一个卖方的月度组合。这个组合业绩很牛，我把每月、每年的业绩列出来，没有什么人能跑赢该组合。有了这个组合作为标杆，我便想去看看其他行业是否也能出一个这样的组合，长期有较高的收益；但是最后发现很难。医药行业相比其他行业更稳定，我认为基本上 30% 的牛股都来自医药行业，所以我研究得比较多一些。

多年的积淀和时间的检验让我对自己的投资能力很有信心，经过反复思考，2018 年我决定辞掉央企设计院的工作，成立一家私募投资公司。由于不是金融行业的从业人员，我对业内的很多规则并不熟悉，公司成立第一年走了不少弯路。当时我也想找朋友一起做，问了很多喜欢做投资的朋友，但每个人都有自己的志向，最后投资牌照也没有拿到。2018 年房地产回调、医药又遇上集中采购政策，整个市场跌得稀里哗啦，基本上很难赚钱，我的账户也亏损了，这是我做投资以来第一年出现亏损，非常难受。经过努力，2019 年我还是发行了第一只私募基金产品——敏行阿杏一号基金，从而开启了我的职业投资生涯。

我的投资原则：找到我能理解的成长型公司

市场上每年的热点不一样，我们很难每年都抓住风口，但是如果掌握了投资原则，从长期看是可以取得不错的成绩的。我把股票分成三种类型：第一类是快速成长型，第二类是周期成长型，还有一类是周期型。我最喜欢的是能够不断成长的公司，它们的产品能为社会创造价值，给人民带来幸福。成长型公司的盈利很容易创历史新高，其财务表现未来一定会反映在股价上。彼得·林奇曾说过：“投资真的很简单：你只需要找到一些你掌握很多信息并且能理解的公司，然后和这些公司捆绑在一起就行了，就是这样。”

通常我会从四个角度判断一家公司是否符合我的投资原则。

第一，好的行业。医药、快消品是我关注比较多的行业，它们的业务形态比较新而且有比较高的进入门槛。

第二，好的竞争力。对于消费品公司，我寻找的是有定价权的品牌垄断公司；对于医药或者其他科技公司，我关注的是持续创新的龙头公司，能不断地为社会、人民创造价值的公司。

第三，好的管理层。用一句话来概括就是：诚信、有能力的老板型管理层。我认为诚信是对所有公司和管理层最基本的要求；有能力是指老板必须能带领公司或者员工为社会创造效益；老板型的管理层很重要，如果公司的利益和老板的利益一致，那么对投资人来说是非常有利的。

第四，好的时机。我希望选择处于成长期或者发展期的公司。在投资时机上，我偏爱这三种机会。第一种是王子落难时。“王子落难”包括两个词：一个词是王子。如果他是王子，那么落难之后还有机会再站起来；但如果他是一只青蛙，那么他可能永远只是一只青蛙，没有站起来的机会，所以要仔细甄别“黑天鹅”事件发生时他究竟是王子还是青蛙。另一个词是落难。如果一个人只是感冒或者发烧，我们不能说这个人未来没有前途。公司也是一样，如果它短时间遇到一些困难，那么这时要甄别它遇到的究竟是行业性问题还是公司发展问题。如果整个行业出现需求的萎缩，或者行业的前景发生了比较大的变化，那公司就不是落难。第二种机会是熊市。熊市其实是投资人的“朋友”，虽然大家很不喜欢熊市，但是在熊市可以筛选出一些估值不高或者估值偏低的优秀公司，这时我们要大胆地买入并持有。第三种机会是出现一些阶段性的回调。比如虽然某个公司或行业没有出现明显的利空，但是公司的股价出现了20%、30%甚至更多的回调，这时候是一个非常好的时机，可以选择买入。

我的变与不变：看得更长远与只买自己看得懂的公司

早期我分析公司主要看重财务表现，比如营业收入、利润增长的情况，看未来1~2年的增长；但现在我更看重公司经营的稳健性，比如未来还能不能经营得这么好、企业能不能持续运营。比以前看得更长远一些，这与市场氛围的变化有关系。

2015 年以前，有人做过统计，只要你买入这个市场中市值最低的一家公司，同时每年年底都换成市值最低的公司，这样操作 9 次，10 年可以获得 700 多倍回报；如果这样操作 5 次，可以获得 500 多倍回报。以前公司的上市资质是具有价值的，小市值公司上涨可能与基本面无关，只是反映壳的价值。从 2015 年到现在，科创板上市，融资渠道放开，公司上市比以前容易很多。公司的上市资格不再值钱，以前上市公司市值只要跌至 9 亿～10亿元就会往上涨，累积起来就会产生几百倍的收益，而注册制则会导致壳的价值越来越不重要。

在整个行业的变迁中，大公司本身获得的资源更多，和很多基金公司类似：强者恒强，有更多的资源，进而业绩增长更顺利一些。中国的市场其实还有很大的空间，强者恒强很可能是未来的大趋势，所以我不会像 2015 年以前那样看重小公司，而是把重点放在能够快速成长的青年公司。

市场是不断变化的，我们要以开放的心态拥抱新的变化，但市场也有一些不变的法则，对我而言最重要的有两个：一是不熟悉的事情是不能做的。做一件事情首先要知道自己在做什么，我不买不了解的公司。有的人在股市虽然喊着价值投资，但是不学习不进步，连年报和招股书都不愿意翻，也不愿意搜集资料，这样是很难走得长久的。二是选择优秀的公司，一直陪伴它走下去。我喜欢那些能够为社会创造价值的公司，买入这样的公司我觉得很自豪，持有时我会觉得很舒服，想和它一起分享价值。公司的经营比想象的难得多，没有哪个企业家愿意主动葬送公司的前途，但行业属性、能力大小有差别，结果自然不同，我要做的就是理解行业、理解公司，选择能够持续创造价值、克服困难、不断成长的公司。

最后用一句话与大家共勉：保持理性，相信常识，不断学习，与智者为伍。

20多年财务工作的经历，成就了我作为职业投资人的今天

| 明资道 |

编者语：投资，相较于投机而言，更趋向于为了在未来一定时间段获得较为持续稳定的现金流收益。

本文的主人公是一位在跨国公司从事了20多年财务管理工作，低调、严谨、务实，投资实力却不容他低调的职业投资人@明资道。1992年从中山大学国际贸易专业毕业后，@明资道在一家国营外贸公司做了几年国际结算工作，之后转向外资公司寻求职业发展。阴差阳错，其后20多年他都在跨国公司做财务管理工作。20多年财务管理工作的历练，塑造了他作为一个职业财务经理人的投资特性。

我的职业投资之路

刚离开职场的前两年，我还不时接到猎头的电话。得知我转型全职做投资，他们都挺惊讶的。仔细想想，其实我的决定倒是完全符合这些猎头顾问与职业经理人讨论职业选择建议时的三要素模型：

第一，兴趣和性格。你选择的职业一定要匹配你的个人兴趣和爱好。

价值投资需要大量的阅读、研究和独立思考，在很多人看来，其实是很乏味、无聊的。如果你不喜欢长时间比较沉静地阅读、独处、思考，你就难以理解巴菲特会每天“跳着踢踏舞”去做这样“无聊”的工作。我自己还是很享受这种工作状态的。

第二，经验和能力。转行到一个全新的行业工作，相当于把原来的工作经验和能力全部“报废”，代价巨大，而且能否胜任新工作也有很大疑问。在别人看来，我放下20多年的财务工作经验去做投资也是如此。其实不然。财务管理就是在公司内部管理股东价值的创造过程，财务管理的很多工具和方法，如财务报表分析、财务计划和预测、投资决策分析、并购和税务等，与价值投资的研究和分析方法其实是一脉相承并且相通的，甚至就是相同的。我觉得自己在优秀跨国公司所获得的价值管理知识、经验和视野，可能恰恰是我在二级市场做价值投资的一点独特的优势。

第三，收益和回报。如果业余学习和研究价值投资能够与工作相兼容，当然是最好的，价值投资可能还对你的职业发展有所助益。但到了无法兼顾的时候，你就需要分析时间付出的“收益与回报”并做出取舍：前提是你真能从投资中赚钱，而且投资的收益要比工作带来的收入高，这样才算是理性选择。

价值投资者可能都比较无趣，什么话题都是“1、2、3”地理性分析和评估。下面就把我的职业投资之路分享给大家，作为一个“职业选择”的样本吧。

投资中最困难的事

2017年，我在写《投资最困难的事：公司基本面分析与估值》这本书时，以为投资中最困难的事就是选股和估值，现在回过头来看，可能不够全面。

选股和估值确实非常重要，也非常难。很多人以为投资就是选股，选对股了，“打死都不卖”，就等着数钱了，甚至我看到还有所谓“荒岛十年会持有的股票”的选股比赛。但事实上，我觉得可能没这么简单，也不能这样简化。

投资最困难的是要用系统的思维去看待、思考投资，构建一个完整的投资体系，而且这个投资体系要有管理学、财务学的理论依据。投资体系包括投资理念、投资策略、分析方法、投资经验和心理等多个层面，对基金投资而言，还包括与投资人的沟通和协调。如果这些环节不是相互协调、印证的，那么就会出问题。例如，价值投资往往意味着要逆向投资，如果在选定了股票之后股价出现下跌，不仅不止损，还要越跌越加仓，那么这就意味着在相当长的一段时间，你的业绩会不尽如人意。尤其是遇到2020年上半年那样的分化行情，如果没有系统思考和长期投资的定力，如果不能保持与基金持有人的畅通交流和互相信任，那么投资很可能功亏一篑。

有些投资者说自己是“虔诚”的价值投资者，却整天在预测“牛市来了”，茅台股价突破1600元了，他们兴高采烈，发文“祝贺”。这其实挺可笑的，因为“短期股价不可预测”是价值投资最基本的前提和道理，简单以短期股价涨跌评价投资成败，其实就是投资体系没有完整贯通的表现。我相信，如果某一天茅台股价跌破1000元了，同一批投资者一定会是最快“止损”的。

“你看好哪个行业？”这大概是基金经理最常遇到的职业问题了。我将之理解为在大多数的情形下，提问的投资者其实是想问你心目中未来半年或 1 年中热门、景气的行业，或者是能跑赢大盘、指数的行业。如果是这样，那么我觉得这个问题和问股价涨跌没什么区别，大多数回答其实都是猜。也有一些投资者在问“未来哪些行业会有更大的发展空间”，我想大家应该都有标准答案了，不外乎：白酒，消费服务，生物医药，互联网，新能源汽车，高科技如芯片、人工智能等。

其实这里有两个很大的误区：

首先，投资行业的选择不仅是你选行业，也是行业选你：即便是一个很有发展潜力的行业，如生物制药、AI 芯片、新能源，如果你没有研究能力和相关行业经验，那么它们也不是你的“菜”。

其次，有前途、好的行业不等于是好的投资，太热门、价格太贵的行业，可能恰恰是“投资毒药”。

所以，我建议投资还是要结合自己的能力和行业股票估值的情况来考量、选择行业。

基金如为人，匹配才是好

之前我和一位大学同学聊起明资道基金的投资，因为是知根知底的老同学，我不由就吹了句牛皮：“基金如为人，投资以保守、安全为先。”灵光闪现，不如我就以“基金如为人”为题，和大家聊聊私募基金的风格，顺带也介绍一下明资道基金的特点。

我想大部分投资人会同意：不同于公募基金，私募基金带有更强的基金经理的印记，基金的风格在很大程度上反映了基金经理的性格特征和为人处世的哲学，或者说基金经理的职业经历、为人和性格在很大程度上决定了私募基金的投资风格和“个性”。因此，基金的风格与基金经理的性格特征，不只是“影响”和“反映”的关系，而更可能是融为一体的。

有多年职场经验的朋友可能会同意：你所选择的工作要匹配自己的性格和爱好，否则不仅工作起来难受、缺乏激情，也难有大的职业发展。例如，如果你性格非常外向，喜欢交往，坐不住，那外勤、销售、服务一类的工作可能比财务、文秘更适合你。反过来看，时间长了，你所从事的职业本身也会对你的性格特征产生明显的影响。所以，个人的性格特征与长期从事的职业特性在很大程度上可以融为一体。

我 1992 年从中山大学国际贸易专业毕业，在一家国营外贸公司做了几年国际结算工作后，转向外资公司寻求职业发展。阴差阳错，其后 20 多年我一直在跨国公司做财务管理工作。当初选择从国际贸易专业转而从事财务工作，我当然也有个人性格、爱好与工作相匹配的考量，而 20 多年的财务管理工作的历练，则更强化了我在为人、性格方面的“财务”特点，主要体现在以下几个方面：

第一，严谨、务实。财务工作要求从业人员非常细致、严谨，容不得半点差错。在一般人看来，对于一家规模几亿元或几十亿元的销售、资产公司，账上差个几元、几十元是完全可以忽略不计的，但在财务结账过程中，试算平衡表即使差了一分钱，也是不能出具报表的。记得在职业早期，我刚到一家美资公司负责全盘账务时，就曾为了 1 分钱的差异通宵加班查核。这种职业经历更强化了我性格中的完美主义，不过做事追求准确、完美，对工作是好的，对生活却未必是好事，有利有弊。

职业后期我负责几家公司的财务管理工作。不同于一般人眼中的“记账先生”，在优秀的上市公司，合格的财务管理人员应该是公司价值管理的主导者，需要通过战略规划、年度计划、绩效管理、决策分析等流程，协助总经理和业务部门实现业绩目标。这些工作都需要财务管理人员秉持务实、客观的工作态度，只有以事实、数字为基础进行分析，才能为公司做出理性、最优的决策。

第二，保守、低调。财务人员本来就扮演着公司资源、资产“看门人”的角色，而我在几家公司负责财务管理工作时的职责也包括设计、监控公司的内部控制和风险管理制度，因此，我对财务管理、公司运营所蕴含的各类风险，都有比较深刻的认识和理解。不同于销售、市场营销等业务部门，财务管理人员不太需要“抛头露面”，所以，时间一长，我就更适应这一保守、低调的角色了。

第三，简单、节省。在很多资深价值投资者的身上，我们都可以看到“价值投资不仅是一种投资方法，也是一种生活方式”的印记。对我而言，“不买贵的，只买对的”也不只是财务工作的习惯和价值投资的方法，我还很享受寻求“物超所值”的简单、节省的生活。所以，我肯定不是高档商品、奢侈品牌的目标客户，例如，30 万元的比亚迪唐和 100 万元的特斯拉，即便我买得起特斯拉，我也会毫不犹豫地选择比亚迪唐。说句题外话，比亚迪唐还真是物超所值的选择。

简单、节省的生活方式不只是体现了价值投资的价值观，对于做好投资也是很重要的。因为这意味着你实现财务自由的标准、门槛比别人低很多，从而你对投资盈利和财富的追求就更淡然，更不会冒险去赌，这样你的投资心态就会好很多。

第四，持续学习、研究。财务管理工作的专业性非常强，相关的专业知识，包括税法、会计准则、管理实践等都在不断更新，需要我们持续学习。我当初从国际贸易专业转行做财务工作，会计师、美国注册管理会计师等专业资格都是自学考取的。

国际投行、国内券商及基金公司喜欢从哈佛、耶鲁、清华、北大等一流高校招收毕业生，除了装点“门面”的需要外，一流高校的“学霸”们具有更好的学习、研究能力应该也是一个重要的原因吧。因为对投资而言，无论是经济、行业、管理等知识的积累和能力圈的拓展，还是投资体系的不断完善，都需要像做学术研究一样持续学习和总结。

利润是风险控制的产物，不是欲望的产物

成功的交易者就是成功的风险控制者。心中常存风险，懂得风险控制，甚至完全忘却盈利，获得利润反而是水到渠成、瓜熟蒂落的事。

明资道基金的风格，在很大程度上直接反映了我在以上职业经历中积累的经验和性格特征。

首先，投资理念恪守坚持保守、安全为先：在投资时首先考虑本金的安全，在投资决策中全面评估本金亏损的风险，反复权衡风险和收益。二级市场股票投资不仅要承担公司发展的不确定性和各种经营风险，也会受到市场博弈、欺诈、群体行为等的影响，投资风险远大于实业经营。在《投资最困难的事：公司基本面分析与估值》一书中，我曾经把价值投资归纳为“只买对的、不买贵的”。经过这 3 年多基金投资的实践，我觉得用“不买贵的、只买对的”来描述会更准确，这体现了“价值投资要把安全放在收益前考量，对市场风险和不确定性要非常敬畏”的理念。

其次，选择投资标的时深入研究、严选价值：财务工作的经验和积累对投资价值认知和股票估值还是很有帮助的。当然，正确估值的前提是你对公司的基本面有深入的研究和了解。明资道基金投资组合的标的主要是与我职场经历相关的行业，辅以我多年研究、跟踪的一些行业和公司。这是我诚实面对自己的能力和知识储备，严守“不懂不做，不熟不重仓”原

则的体现。对高精尖、“新特奇”的行业和公司，无论是在创新医药、电子科技领域，还是新能源领域，都不是我的“菜”。

再次，在投资体系上持续进化、务求严谨：在具体的投资决策上，“细节决定成败”，投资需要非常严谨和系统的思维。不仅在具体公司的分析、估值上需要系统、严谨、全面的分析，还要在投资流程中保持严谨性、完整性。例如，很多人误以为投资就是选股，价值投资就是“打死都不卖”，只要选对了“下一个茅台”，投资就成功了；或者是要不断地选到牛股，才能投资成功。因此很多投资者热衷于打探优秀基金的持股标的和比例，但选股只是投资流程的一步，选股的底层逻辑、如何买卖、什么时机买卖可能同样重要，甚至更重要。如果指望选对股就能赚钱，那么就会缺乏严谨、系统的思维。基于这样的认识，我会不断地反思、总结经验教训，不断完善投资体系。

最后，我希望能做到简单营销、匹配为好。为什么私募基金投资“匹配才是好”？这是因为私募基金若要取得投资成功，除了要有自己独特的优势和风格外，基金的风格同投资标的、基金投资人的相互匹配也非常重要，见图1。

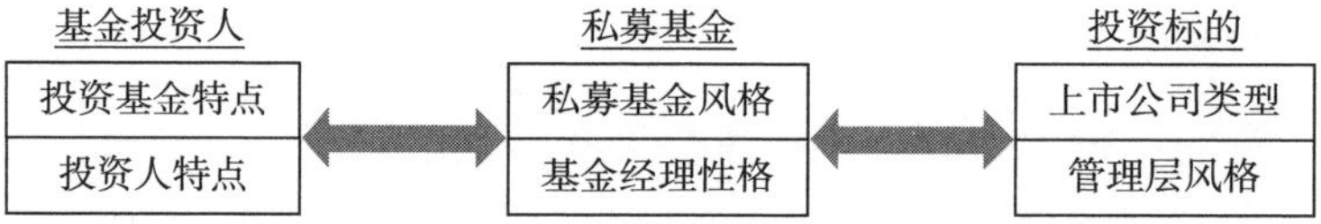

图1　基金风格与投资标的、基金投资人的关系

相对而言，在二级市场投资，投资标的的匹配更多是私募基金（经理）主动的选择；或者说在很大程度上，基金持股组合里上市公司的风格和特点，也会体现私募基金的风格和基金经理的性格特点。以明资道基金为例，我不会买太贵的公司股票，不会追求热门、高精尖的行业和个股，

不会选择CEO喜欢的“明星般表演”的公司；我会更欣赏相对冷门，但管理层踏实、低调，能实实在在为股东创造价值的公司。我相信长期投资这样的公司，不仅更符合价值投资的理念，也能以更低的风险获得理想的长期回报。

而私募基金与基金投资人的匹配，挑战非常大，因为这是相互选择、相互匹配的过程：私募基金的风格和特点，决定了某个私募基金应该只会适合某种类型的基金投资人。例如，明资道基金可能只适合比较成熟理性、期望以较低风险获得稳健回报的投资人；而追求短期高回报、相信炒股能赚钱、性格高调有赌性的投资人不适合明资道基金。

如果基金在一段时间业绩不错，对新申购资金“多多益善”，为了追求规模去高调营销，那么就可能吸引不少冲着净值申购的投资人，其中就会包括不少不合适、不匹配的投资人和资金。而一旦基金投资在一段时间出现波折，这些不匹配的投资人就会不理解，在基金最低迷、最不应该卖出股票的时候赎回，这样不仅基金投资人会亏损，基金的投资节奏、投资策略，以及基金经理的投资心理都会被打乱，犯错的可能性大增，最后很可能是“彼此伤害，不如不见”。除了性格本来就低调外，这也是我不太积极推介基金的一个原因。

我觉得基金营销这件事挺矛盾的：一方面，基金经理如果真有投资能力，有自信能为投资人赚钱，还需要高调去营销吗？过度营销难免给人留下金融骗子的印象。但另一方面，“酒香也怕巷子深”，基金曝光少、知名度低也确实不利于发掘和匹配合适的投资人。中间的“度”如何权衡其实不容易，我们还要再探索。把基金的风格和特点做一个事实性的介绍，以方便合适的、匹配的投资人“按图索骥”，也就是我所说的“简单营销，匹配为好”之意。

大家参与股市都希望能赚钱，而且很多人想赚快钱、大钱。但价值投资的奠基人本杰明·格雷厄姆说过：“无论华尔街还是别的什么地方都不存在确定的、轻松的致富之路。”我认为这隐含了两重意思：一是股票市场充斥着各种诱惑和陷阱，具有很大的不确定性和风险，务必牢记“投资有风险、入市需谨慎”；二是要想获得一点成功、赚到一点钱，就必须付出“很不轻松”的努力才行。我把这句话分享给大家，也是对自己的再次提醒和告诫。

大道至简

他形成了自己的投资哲学

趋势交易，我不做复杂题

| 叶壹知秋 |

编者语：在与@叶壹知秋（肖康）的交流中，他多次强调自己是典型的趋势交易派。比起巴菲特，他更崇拜索罗斯、德鲁肯米勒等人。他认为，索罗斯等人对周期和波动有非常深刻的认知，无论身处多么动荡的市场，他们总能在危机中立于不败之地。肖康用德鲁肯米勒的一句话来总结他的趋势交易策略："如果趋势有9步，我不会在第0步进入，也不会晚于第2步加大力度投入，更不会在第3、4步再追加趋势，因为趋势什么时候结束谁也不知道。"

出于喜爱，我进入投资行业

我叫肖康，南京师范大学企业管理专业硕士学位毕业，毕业后进入江苏金融租赁有限公司担任投资经理助理。工作半年后，我发现自己喜欢自主权更高的投资类的工作，于是进入深圳恒德投资，这也是我第一次进入私募基金行业。在恒德投资担任研究员3年，后于2017年9月进入希瓦资产，担任轻工研究员。由于内部业绩还不错，之后我被提拔为投资经理，并于2020年4月发行了公开产品希瓦小康1号。

我进入股市的原因其实很简单，就是出于对投资的喜爱和兴趣。读研究生期间我就做过许多与投资相关的工作，在相当长的一段时间，我给自己设立的目标是进入创投行业工作。我从江苏金融租赁辞职后，在机缘巧合之下进入南京一家创投公司工作，工作两个月后我发现，创投对社交能力要求非常高，繁杂的事也很多，而我虽喜欢思考但并不擅长与人交际，所以这项工作不太适合我。而那时候我刚开始学习炒股，发现证券投资行业很符合我性格中喜欢思考的部分，且能规避高频社交的部分，所以我就走上了这条路。后来成功应聘恒德投资我感到非常开心，因为找到自己喜欢的工作十分不容易。

2018 年的挫折，让我走上趋势交易之路

炒股初期我采用的完全是科班思路。记得 2014 年下半年我开始使用雪球，当时非常喜欢@丹书铁券，大家称他“丹神”。我的第一桶金也是从两投①上赚的，之后买卖的都是诸如银行、保险、白酒、家电类的股票，我的基础研究框架也是在那时建立的。2015 年的牛市是对我的价值投资理念的第一次大冲击，记得当时创业板的赚钱效应非常强，所以我去追了创业板，一周内股价翻倍，我特别开心。牛市顶峰的时候，我甚至去追了次新股，结果可想而知。面对这么严重的损失，我消沉了大半年，不曾思考到底是哪方面出了问题。股票市场对人性的挑战非常大，可以说一年股市大波动带给人的喜怒哀乐可能抵得上现实生活的十年。幸好我是 2014 年低位买的股票，后面也只是把赚的钱亏掉很多。

---

① 两投是指国投电力、川投能源这两只股票。

2017 年 9 月我来到希瓦资产，给公司推荐了几只家居股，这些是我花费大量心思并做过深度研究的股票，然而它们在 2018 年跌得惨不忍睹。所以 2018 年是我投资理念的分水岭，也是我第一次直面痛苦去反思到底出了什么问题。2018 年我反思了很多问题，首先需要说明的是，这是我的个人经历，是我个人做出的选择，并不代表哪种投资方法更好，没有更好的，只有更适合自己的。有位和我一样经历过痛苦的前同事，我们选择了两条不同的道路，而他现在是一位业绩非常出色的基金经理。接下来回归正题，谈谈我的转变过程。

我在研究过程中遇到的最大问题是复杂问题，争议很大，甚至请教各路专家都不一定能有定论，但是这可能是核心问题。现在整个行业的投研体系往往要求研究员针对这些争议问题给出答复，因为这才是“超额收益”的来源。逻辑很简单，简单问题大家都会做，可是如何赚取超额利润呢？我曾经也是这种思维的拥趸，遇到很多这样的复杂问题只能硬着头皮给老板解答，实际上自己心里并没有谱或者只是盲目自信。在 2018 年经历了当头棒喝后，一个偶然的机会我看到某位前辈的一句话：“当我们需要借助超群的智力才能解决问题的时候，很可能我们的思考方向和角度已发生错误。我们碰到困难首先想的不应是如何克服，而应该是是否能绕过去。”这句话开启了我的趋势交易之路。

深度研究这条路是聚焦核心变量进行研究，探讨成因、穿透未来；而趋势交易则侧重追溯历史、立足当下，确认我们所处的周期位置，揭示赔率，站在常识和赔率的角度探讨每笔交易的收益风险比，虽然同样是展望未来，但不做确定性预判，而是做好多种可能性的预案，根据市场呈现的结果投资。

理解市场是投资二级市场的核心竞争力

趋势交易策略与价值投资有非常显著的不同，我认为策略本身不存在优劣，重要的是要适合自己，并对市场有较强的适应性。

与大众认知不同的是，趋势交易比较保守，它的价值观底层是：这个世界非常不确定，穿透未来是非常困难的，所以需要采取层层防御措施保护自己。趋势交易的标的选择首先是选择风险经过充分释放、商业逻辑简单且更倚重常识的股票；其次是顺应市场而行，绝不在左侧大仓位买入；最后是有一道最终防线，即严格的止损策略。很多人提到索罗斯可能想到的就是他的操作大开大合，实际上从风控角度来讲并非如此，显然大众对趋势交易存在误解。

而价值投资尤其是成长股投资则对投资者有比较高的要求。它要求投资者既要有较强的商业穿透力，还要能克服贪婪、恐惧等人性弱点。虽然通过能力圈、分散投资、安全边际等核心能力的建设能提高一些防御水平，但是在操作层面，充当价值发现者是极少数人的游戏，投资者面对压力时通常难以克服人性。

简单来说，逆市场、逆人性是高难度模式，尤其是目前的基金排名模式，对投资者的挑战非常大。所以你会经常听到一些基金经理在总结自己的经验教训时提到，“研究还是不够深入，对于安全边际的理解不够，没有遵循能力圈，没有做到别人恐惧我贪婪”。实际上做到这些都不容易，这导致很多投资者追求更深度的研究，但由于个人能力有瓶颈且未来是不可预测的，所以在这上面花费大量的精力可能适得其反。更需要强调的是，并不是说只要是专家就可以抵抗人性，多数人在面对人性挑战的时候是束手就擒的。

举个简单的例子，某梯媒公司在 2018 年 4 月召开投资者会议的时候问投资者："你们是喜欢 30% 的收入 + 10% 的利润，还是 10% 的收入 + 30% 的利润呢？"毋庸置疑，投资者肯定喜欢前者。结果大家也知道，这家公司 1 个季度扩张了约等于之前 5 ~ 10 年建设的网点数量。而这家公司在股价处于底部的时候宣布暂时不回购了，同时在某季度投资者会议上说："新经济的广告被腰斩，现在不确定什么时候能回来，因为不清楚目前国内的创投是暂时不投了还是处于新经济创业浪潮尾声了。"虽然我毫不怀疑大佬的智慧，但是未来在一定程度上是不可预测的，他在行业顶部的时候也贪婪，在行业底部的时候也恐惧，所以贪婪、恐惧不会因为你是专家就会消失，因为这是人性。

我经常和朋友聊一个问题：我们投资二级市场的核心竞争力究竟是什么？我思考许久后给出的答案是"理解市场"。因为论未来几年的业绩，你不可能比各公司的董事长了解得更多，但是董事长炒股不一定比你厉害，为什么呢？因为股票市场讲的不是速度，而是加速度，股票市场就像是三维世界，而实业经营是二维世界，所以理解市场在一定程度上比商业穿透力更重要。这里再举个例子，2017 年我去某物业公司调研，公司总经理对投资者说因为当前物业项目太火爆，许多非独立第三方物业公司花大钱去抢项目，而公司觉得他们的项目太贵根本赚不到钱，所以本季度放缓拿项目的进度。投资者听了觉得老板说得非常有道理，于是把股价砸了。

为什么呢？因为股票从来都是依靠有限信息博弈，当你业绩高速增长的时候，投资者对你的预期是又好又快，不然凭啥有那么高的估值呢？现在你对投资者说，为了保证盈利水平，我们不能好和快兼得，尽管之前公司没有对投资者说过我们能既好又快，但是当你业绩好的时候是很难阻止投资者的乐观想象的。有些基金经理觉得股价大涨是因为自己经营得好，而股价大跌的时候却不知所措，这样的案例我看过好多。股票市场的复杂性就在于它是三维世界，停留在二维世界而忽视三维世界的存在可能会出现以下结果：我看对了，怎么还跌了；虽然我看错了，但是不应该跌那么多吧，难道公司破产了？而有较好的市场理解能力则容易产生这样的效果：虽然我看错了，但是我赚钱了；我看对了，我赚大钱了。

趋势交易在于寻找市场上赔率和概率错配的机会

板块每次底部启动的特征非常像，我会特别关注跌了几年的大板块，当这些板块出现潜在变化的时候紧密跟踪，因为这样的板块一旦反转往往就是实现“戴维斯双击”的机会。我会关注这些板块近几年跌的原因是什么，实现反转的“催化剂”是什么，以及目前市场多空观点分别是什么。其实绝大多数板块底部启动的原因并不神秘，甚至很多投资者都清楚，只是因为多空交织，大家囿于估值、不确定性、情绪等不敢买入，这个问题我在《我对趋势的一些看法（一）》[1] 中详细讨论过，大家可以去看看。虽然不一定每一次出手都是正确的，但还是要不断试错，当收益风险比较高时，交易体系的威力就会显现。

很多投资者可能认为趋势交易类同于追涨杀跌，这在一定程度上讲是正确的。但是什么时候追涨，什么时候杀跌，对时机的把握才是真正的核心。为什么追涨？因为我们追求的是高赔率的股票，高赔率往往伴随低概率，而低概率在信息面的驱动下可能会转变为中概率甚至高概率，此时长期下跌导

---

① https：//xueqiu. com/2790275708/168052067。

致的偏见存在，赔率可能下降得并不多，就会形成概率和赔率的错配。

而很多人追涨杀跌的背后是没有逻辑的，他们的行为非常僵化，尤其是牛市买“突破”，经常套在“山顶”。一般来说，熊市里的突破质量比较高，因为熊市里大家情绪比较低迷，市场的需求是“脚踏实地”，所以此时的技术图形质量较高；但是在牛市里市场更喜欢“仰望星空”，因此这个时候的图形突破不一定代表股票的基本面发生了实质性变化，可能只是因为“技术图形由想象变成现实的概率更大了”。所以技术指标在熊市和牛市的适用性是完全不一样的，我们应该辩证地看待它。

趋势交易还有一个优势是控制回撤。原因很简单，趋势交易策略强调“先求不败后求胜”。此外，趋势交易策略以择时为核心。A 股市场有很强的“情绪溢散效应”，所以每次阶段性的市场顶部特征类似，基本是高位主线滞涨、该涨不涨，板块向非主流板块轮转，振荡加大，这些基本就是见顶的标志，逃掉阶段性市场的顶部也能有效控制回撤。需要强调的是，我的策略不以控制回撤为目的，在我的交易体系中有些回撤是很难控制的（比如偶然的事件冲击，不影响趋势的方向），有些回撤则是容易控制的（个股止损，阶段性市场见顶），我要做的便是不断地执行交易策略，剩下的交给市场。

我从不抵御人性，而是顺应人性

我从不去抵御人性，我的策略核心是顺应人性。绝大多数投资者在股票市场亏钱不是因为他们懂得少，而是因为他们过度自信。而实际上，他们的智商都差不多，市场超额利润的来源往往不是谁比谁聪明，而是时刻保持自己情绪的稳定，从而少做蠢事。当你情绪变差的时候，你的思维能力会降低，这些都是人性的体现，我们能做的就是理解人性、顺应人性。

趋势交易者应避免将自己推向艰难决策的境地。因为多数人无法持续做出好的抉择，即使他是个对人性非常有洞察力的人。所以，我很强调体系的力量，只有做一个“机械”的、有纪律的交易者，积极面对“小贪婪、小恐惧”，才能不去面对“大贪婪、大恐惧”。当然顺应人性只是趋势交易策略的一部分，更重要的是构建一套行之有效的交易体系。

我的交易体系的核心是理解市场的结构和强弱。市场结构方面，任何整体都由很多部分构成，但不是每一部分都同样重要，就像人体结构一样，心脏和躯干对人体的影响力肯定不一样。所以我们观察市场就必须找出它的“心、肝、肺”，只有结构清晰才能对市场的强弱有所理解。我有编制指数的习惯，目的就是在看似杂乱无章的波动中找出脉络，做到一叶知秋。市场强弱方面，我把市场分为两种：强势市场和弱势市场。强势市场的特征很明显，主线清晰，趋势连续性强，只要不是挑战主线逻辑的利空一般无法改变趋势的运行方向；而弱势市场主线不清晰，趋势连续性弱，如果市场顶部呈下跌趋势，甚至看似不大的利空也能加速趋势的下跌。我经常拿人与市场类比，强势的市场就像健壮的年轻人，只要不是遇到特别严重的病症，多数人都能扛过来；而弱势市场就像一个孱弱的老人，可能一场感冒、一次摔倒就能要了他的命。所以，经历过大幅上涨的弱势市场最终倒下是必然的，而“催化剂”是偶然的。这也就是我们所说的趋势的方向是确定的，而趋势的运转过程是不确定的。

对我而言，最重要的不是预测“催化剂”，而是要深刻洞悉市场此刻的状态。很多投资者把每次下跌归因于“催化剂”，指望于千钧一发间卖掉股票躲避下跌，而这时候决策心理压力倍增（毕竟已经跌了一段），这也是我所说的大贪婪、大恐惧时刻。投资者对市场结构和强弱理解深刻，自然能在小贪婪和小恐惧的时候，遵从自己的内心，决策的压力也随之小很多，这是持续做出好的决策的保证，强者无妙招就是这个道理。

但是完美的策略是不存在的。这套交易体系追求的是在低市场情绪、低景气度的时候介入，这个介入的时机往往决定了你不会亏损太多。但是标的曾经大幅上涨可能让你觉得不再安全，这样会限制你获得高收益，因为标的一旦进入高位，叠加市场整体转弱，你总会有防守的冲动。因为高位已经是高市场预期区间，同时存在 price in① 的可能性，所以卖飞大牛股是经常发生的事。有得必有失，如果你追求高位大牛股，那么高位踩坑也可能随之而来，甚至可能是被“双杀”的大坑，这可能导致整体期望值为负。所以我认为策略的核心不仅是要看它帮你抓住了多少大牛股，还要看错抓大牛股时的亏损程度。如果交易体系不具备反脆弱性，指望不断买到高位牛股，那么这个策略一定不是好的策略。因为我们是普通人，总会犯错，如果你的选股非常依赖于你的商业眼光，那么一次高位重仓失误可能导致你的长期收益率下降一个台阶。实际上，投资是比拼防守的游戏，不管什么样的策略，只要在市场中“活”得久的投资者，都需要对这个问题做出回应。

我为什么总能在底部抓到牛股

行业龙头下跌可能不是因为它的竞争力下降了，而是因为行业或者行业增速存在周期性变化，从而导致该行业在股价层面出现较大下跌。从股

---

① 所谓 price in，是指某个事件表现利好或利空的预期，已经反映到当前的股价中，当前的股市已经消化了这种预期。所以当信息真正兑现后，市场反而显得波澜不惊。

价层面来看，一些行业一旦经过长期下跌，它的股价风险便会被大幅释放。这个时候应该更乐观一些，对风险（不确定性）更容忍一些，但是站在群体的角度很容易陷入长期下跌导致的过度解读和偏见中，甚至这种偏见会成为主流市场认知。而我此时会特别关注和思考“如果这种长期下跌的行业想反转，潜在的‘催化剂’是什么”。我研究这类行业并不是预测它什么时候反转，而是提前做好沙盘推演和预案；我会更多地从应对风险的角度出发，而不是基于深度研究的左侧交易——越跌越买；我会在这类行业风险充分释放后小仓位买入跟踪，然后等待基本面和市场趋势的拐点出现后大仓位买入。

下面就几个具体的板块谈一谈：

第一，猪肉板块。猪肉股是我管理公司账户盈利最多的一个板块。大家都知道猪肉股是典型的周期股，“猪周期”在 2016 年 6 月见顶后一路下跌，“猪周期”一般是 2 ~ 3 年，但是具体多长时间是存在偶然性的，所以当猪肉板块从高点长期下跌达两年多后，投资者对猪肉股的悲观共识已经形成：猪肉股处在周期下跌阶段，猪肉股盈利能力很差，甚至很多公司存在倒闭风险。当然也有部分“‘猪周期’可能快要反转”的声音，不过由于当时处于大盘主跌浪阶段，大家对于猪肉股也没什么兴趣。

对我而言，“猪周期”到达周期下跌的后段这是确定的，随着猪价长期下跌，中小散户的产能逐步出清，但是什么时候走出反转这是不确定的。而恰逢 2018 年下半年非洲猪瘟席卷中国，本就处于产能去化后期的“猪周期”直接被一次性加速，大量散户的产能由于猪价暴跌及疫情屠杀而消失，“猪周期”由此产生了一拨大行情。猪肉股上涨的逻辑很简单，但是为什么绝大多数投资者抓不住呢？我认为原因有两点：一是被底部市场情绪牵引，不敢触摸机会；二是不理解市场预期的形成机制，当时疫情禁运后，若如今天般有猪肉期货，可能股价直接就被期货带起来了，就没那么多持“猪价没涨，股价先抢跑，需要等回调”观点的投资者了。

第二，电子板块。2017 年底电子板块见顶的原因很简单，主要是手机销量见顶和创新瓶颈的问题。直到 2018 年 7 月台积电二季度财报中提到智能手机芯片收入大幅超市场预期，从而改变了市场对整个手机行业的预期，智能手机行业销量一直下滑的预期才有了一次方向性的变化。尽管当时的手机终端销量仍然维持负增长，但其上游芯片备货预期已预示行业要反转。记得当时我给很多朋友大力推荐电子行业，多数人的第一反应是这个行业太烂了。你给他们解释 5G 手机会改变市场预期时，他们会接着问：“5G 手机销量能有想象中那么好的增长吗？”由此可见，投资者对经常长期下跌板块的偏见有多深，有所关注的人也觉得“5G 手机太贵不过如此”“估值还不够便宜”等。我觉得核心在于股价长期下跌后，市场预期很悲观，其实，股价处于低位时不要太在乎反转的力度有多大，因为即使看错了也不会亏损太多。反转的力度有多大只关系盈利多少的问题。

第三，新能源板块。新能源行业从 2017 年 9 月见顶一直跌到 2019 年 11 月，其下跌的原因人所共知，主要是第一拨新能源汽车靠补贴拉动需求，而后在非常高的市场预期下补贴退坡，没有出现爆款车型等原因导致新能源板块被“双杀”。新能源行业经常性的、持续两年的下跌使市场风险释放了很多，对我们来说非常符合重要观察对象的标准。大概是在 2019 年 11 月，欧洲提高了新能源汽车补贴标准及大众提出“2025 战略”等，预示着海外新能源汽车行业正迎来边际改善。我们站在当时那个时点，根本想不到特斯拉在国内的发展如此迅速，也想不到蔚来、理想汽车、小鹏汽车能有今天这样的盛况，更想不到新能源汽车行业的股票的动态市盈率能达到 100 倍，甚至用 2025 年的利润去估值。当时我重仓买入新能源股票只是因为其有一个边际改善，至于改善的力度有多大就是盈利多少的问题。最核心的是该行业底部的收益风险比很不错，这也是我重仓买入新能源股票的信仰所在。

时至今日，可能绝大多数投资者觉得新能源的未来如此确定，看空的人最多觉得透支了估值。但是回到投资的核心，该行业的收益风险比怎么样呢？行业底部的不确定性是投资者的朋友，高位的不确定性则是敌人；股价涨多了是最大的利空，仅仅是情绪的回落就可能让估值收缩20%，而一旦遇到基本面恶化，那就是“双杀”。

第四，军工板块。军工行业未来5年与过去10年相比，预计最大的变化是它真的要出业绩了，这是一个巨大的方向性变化，同时它处于逻辑的起点、故事的开端，收益风险比非常好。前段时间一个朋友提出了一个很有意思的问题：“为什么投资市盈率40～50倍的军工行业你觉得是机会，而投资市盈率30～40倍的光伏行业你觉得是风险?”许多投资者喜欢从估值的角度讨论市场price in的程度，而我考虑的始终是多空演绎进展到哪里了，估值不过是个结果。光伏是周期股，光伏的多空演绎是从2020年4月开始的，时至今日涨幅两三倍的股票比比皆是。而光伏最重要的属性是周期性，当然很多投资者摆出各种数据来证明产能扩张没大家想象的那么快，退一步讲，即使周期真的回落，产品价格下跌能进一步提高装机量增长水平，这也是典型的高位观点，是典型的“困难模式”。而军工行业的估值是景气度刚启动时的估值，未来5年会有很多复合增长30%甚至50%以上的公司，我想也许再过一年，大家脑补出来的军工故事一定很精彩。

需要强调的是，我能抓住这些板块机会不是依靠深度研究，而是一方面主动跟踪一些跌了很久的行业，另一方面建立一套量化系统捕捉板块及个股异动。我喜欢去寻找那些有方向性变化的公司，在行业底部聪明地承担风险；我不像大家想的那样每次都能抓住这些公司，我也经常犯错、经常止损，但对我而言，收益风险比是保证长期复利增长的核心。

好的平台是我最有力的支撑

基金经理是压力很大的职位，因为我们无法避免被拿来做比较，甚至是每周都比。不过这就是这个行业的现实，我们应该选择接受。基金业的游戏规则可能让趋势交易者更受益，因为始终是顺应市场，所以我的心理压力要比价投基金经理小很多，买卖股票也会更加从容。与个人投资者相比，我觉得区别不是很大，这是由投资策略决定的，趋势交易策略适应性比较强。

基金经理与研究员有什么不同呢？研究员像是军师，基金经理则是元帅；研究员更关注深度，基金经理更关注角度；好的研究员可能“成也萧何，败也萧何”，所以基金经理的应变能力是对研究员的很好补充；好的研究员不一定是好的基金经理，但好的基金经理必须有一定的研究功底。

我的生活比较单调，绝大多数时间都在投资，剩下的大多数时间都在陪伴家人，偶尔打打游戏、看看小说。投资是比较耗费心神的事，在游戏里砍砍怪、看看热血小说，可以让我好好放松一下。当然生活能如此“单调”，则是受益于梁宏打造的希瓦平台，乘着平台的东风，我们走的路比外面的许多基金经理轻松太多。此外，希瓦这个平台有很多优秀的同事，例如我们的研究团队、我们的后台支持，尽管他们不露面，却是基金经理最有力的支撑。

先求不败，再求胜

| 路人十九 |

编者语：投资中顶级高手的对决，很少有让你觉得眼前一亮的招数，都是看似非常沉闷的、无聊的：你出什么招对手出什么招，说白了都是在可预测范围的；你赢对手只是在概率层面赢了一丁点儿，可能只赢0.5个百分点，但是如果每一招赢对手0.5个百分点，100招下去，你就赢了。

球友@路人十九（汤蒙）做过交易员、研究员，最后成为希瓦的基金经理。投资中，他喜欢押注高赔率、确定性强的投资机会。如果用一句话总结他的投资风格，那就是：先求不败，再求胜。

从交易到研究再到投资，我成了私募基金经理

我是汤蒙，武汉大学情报学毕业，于2015年3月加盟希瓦，是第一批跟着梁宏创业的员工。加入希瓦后，梁宏教会我的第一件事就是止损。任何时候，如果市场和你的预期不一致，那么止损就好了，只有这样才是可持续的“先求不败，再求胜”，这是目前对我影响比较深的观点。

我的第一份工作是交易员，那是在2015年，当时公司有个规定：一个

月 22 个交易日，至少有 20 天是盈利的，最多亏 2 天。2017 年，通过多年投资实践，我发现日内交易虽然稳定性不错，但是很难实现复利增长。虽然它可以产生比较稳定的现金流，但是我没有办法享受资产本身上涨带来的成长性，更没有复利积累。所以我选择转型做了研究员，一边学习，一边研究，最终逐渐形成了自己的投资模式。梁宏也认可我的成长，2019 年 4 月我发行了第一只产品。

从交易到研究再到投资，私募行业的几个主要环节，我从下往上都走了一遍。做交易尤其是做日内交易，是一件非常基础的事情，比较机械；做研究可以理解市场，发现个股背后的逻辑；做投资就又到了一个新的境界，基本面并不能完全决定股价，尤其是短期股价，更多是由基本面和情绪共同驱动的。把交易、研究、投资相对完整地做一遍，是我区别于普通基金经理的地方。

没有“鬼故事”就没有高赔率的机会

资本市场涨涨跌跌，公司股价起伏不定，但很多公司的基本面并没有发生变化，只是市场情绪变了而已。

我是一个追求高赔率的人，如果某只个股已经涨得比较高，大概率没有翻倍的空间，那么我是不会持有的。比如光大证券，在股价涨起来以后再去买，尽管后续可能很容易继续涨，但是这对我来说并不是高赔率，我也无法理解背后的投资逻辑。我喜欢的投资逻辑是：一只股票被市场情绪“杀”了很久，然后在逻辑的支持下逐步走强，之后被广泛认知，最后爆发。

如何判断股票的估值是高还是低呢？这很难说清楚。以消费电子行业为例，2017 年是电子行业的大牛市，电子产业链走势非常好。但 2018 年，随着信维通信被苹果“砍单”的消息传出，整个行业的股价开始下跌，而且跌了一年。在此过程中，市场不断强化这种负面情绪，比如，手机增长到顶，智能手机渗透率也已经到顶；手机没有增长，一个没有增长的市场，估值理所当然就应该掉下来。而到了 2020 年，情况发生反转，尽管整个行业并没有产生实质性变化，但依靠局部的结构性创新，就把整个板块的估值拉起来了。如歌尔股份、TWS 耳机行业，如果分到了苹果更多的份额，它们上涨没有问题，但是实际上不光它们涨，整个产业链都起来了，回到了 2017 年的估值水平。其实整个产业链没有那么高的增长率，和 2018 年相比没有什么区别，甚至更差，但是股价上升了。这就是我想强调的：一切只是市场情绪而已，公司还是这个公司。

相比起来，集运行业就寂寞很多，关注这个行业的人很少，非常有争议。这是因为这个行业的股价跌太久了，很多人甚至开始质疑这个行业是否有投资价值，长期来看是否是一个垃圾行业，包括怀疑它的未来能否支持眼前的高运价，以及是否可持续。投资者对股价的心理预期是有价格范围的。如果你很看好一个行业、看好一个公司，那么股价跌 10%、20%，你会觉得这是一个加仓的好机会；如果股价再跌 20%，你也许还是这个感觉；如果股价继续跌 20%，你的心里可能会产生恐慌；如果你不恐慌，那只是股价还没有跌破你的心理预期。

一方面，如果股价跌久了，那么市场就一定会有各种各样的“鬼故事”。这些“鬼故事”半真半假，并不是完全没有道理，所有人哪怕一个普通散户都能告诉你：像海运这种垃圾行业，长期 ROE 不稳定，不值得长期投资……既然这些“鬼故事”妇孺皆知，还有人愿意限价去买，那就说明这些人能接受这些负面的因素。

另一方面，只要这些负面因素有改善的可能性，哪怕改善最后落空了，只要有这种可能性，也许股价就要涨了。因为所有人都是空头，大家都知道你这些“鬼故事”，那么这些空头都是潜在的未来多头，这就是一个高赔率的机会。

我的投资原则：做高赔率，但不做难题

我的投资原则有两个：一个是做高赔率，另一个是不做难题。

第一，做高赔率。赔率可以通过常识来判断。比如，某板块是不是涨幅巨大，而且持续的时间非常长，故事层面讲得非常充分，以至于妇孺皆知，人人都能讲出这个行业，即行业的增长逻辑已经扩散到连散户都一清二楚，没有预期差。这就是常识。

举个例子，尽管半导体行业已经跌了 5 年，但现在突然开始讲自主可控的故事，也许会带来股价的一拨上涨。在这个价格时间点我是愿意参与的，因为赔率很高，我甚至可以不用仔细研究股票，不用质疑这个故事是真是假，这些都不重要。

第二，不做难题。我们要承认自己是普通人，控制好心态。不要去买那些一旦下跌就要考验投资信仰的股票，这就是不做投资难题。如果坚持做投资难题，可能在未来的某一天，当你布局的股票跌到一个位置，你就必须反复地拷问你的信仰。做难题非常需要运气，这个模式不适合我。

雪球有一个热门话题股——博思软件，就是一个典型的难题，反复考验持有人的投资信仰，而且我觉得所有的理由都不构成看多。你问它是否被严重低估，其实也谈不上；你问它能否涨上去，也有可能。但是

如果它不涨也很正常，因为它完全是看市场情绪。我认为没有什么确定性可言。

我的投资战略：不出奇、不求速、只求稳

关于赔率，很多人会想到冯柳的观点，因为他也喜欢寻找高赔率的投资机会。他一般选择已经跌了很久，甚至跌不动的个股。比如安迪苏，当时因为蛋氨酸的持续下跌，它的股价“趴在地上”有一年多。对整个行业来说，蛋氨酸的价格已经在历史低位徘徊了很久，这种股票就非常好，只要买入就有机会，因为蛋氨酸不可能永远处在历史低位，等需求逐渐“爬”上来之后，它总有一天会涨价的。这就是一种必然性，冯柳寻找的都是这样的投资机会。在这种模式下，投资收益率曲线就会比较平滑。冯柳的复合收益率在40%～50%，而且非常稳定，好的年份可能在70%～80%，差的年份30%～40%，平均下来40%左右。

我认为这就是顶级的投资战略。我与冯柳比较类似，更多地从常识的角度判断赔率，例如跌了很久的行业，只要行业本身没问题，未来发展也没问题，就可以判断它一定能涨起来。虽然股价跌了很久，但有边际改善的趋势，这就是高赔率。

在这种策略下，你可能不会在某只股票上一战成名。比如冯柳投资白酒行业，并不是单靠贵州茅台就取得高收益率，也不是持股不动。他实际上是一轮又一轮地参与白酒的投资机会，回头看你可能会认为他在高抛低吸，但实际上是在做赔率。当市场上涨到某一个位置，只要他认为赔率不够高了，就会选择离开；当市场下跌到某个位置，他认为赔率高了，就会选择进入。这与做波段追求效率不同，他的目标是让自己的收益曲线平

滑。因为只有曲线平滑的收益率，才能让你保持好心态，睡得安稳；而只有心态好，才能让你保持正确的判断力。

人的认知和观点是连续变化的。你的观点连续修正、仓位连续变化，你的收益曲线就平滑；曲线平滑、心态平稳，你的判断力就靠谱。这是一个正向的循环。这一投资体系的特点是：不求快、不出奇。

雪球的另外一位高手@电扫洛阳川（网友称“电总”）则是另一种思路。虽然他也会要求高赔率，但是他对赔率的理解跟我不一样。电总喜欢关注政策或者突发事件带来的突发性变化，他对突发性变化的反应比别人快，并善于抓住机会。但我不擅长此道，采用这种模式，对投资者的要求比较高，需要很广泛的关注面，需要每天不停地关注政策、新闻，然后不停地尝试这些机会。

其实，资金量大的投资者，其想法更多的还是守正出奇，出奇不重要，核心是守正。逻辑型选手则更强调出奇，而我的战略是模仿高手的顶级战略：“不出奇、不求速、只求稳”，每一步都是求稳，而不是求快。

这并不是说电总的投资模式不好，而是说那属于高手的模式，学习和效仿这个模式并走向成功，我认为是非常难的。这需要天分，甚至需要一定的运气，而且非常辛苦。你需要进行很多研究并从多方面关注市场，要做很多“反人性”的判断，需要非常勤奋和敏锐，而这种敏锐并不是通过后天训练可以获取的。总之，这不是一个普通投资者能够走的道路，我们没有必要去学。就像巴菲特的道路同样不可复制，我们也没有必要去选。巴菲特强调“反人性”，在最艰难、恐惧的时刻，做出反向判断，这是特别难的事情。况且在这种模式下，你很可能在买入股票后3~5年内持续被市场“打脸”，这足以让一个正常投资者的耐心逐渐被耗光，毕竟很少有人能忍受这种长期的不涨不动。

比如2019年冯柳在猪肉行业投资正邦，我们都知道正邦、天邦这两家公司在质地上与牧原相差很远，甚至正邦还有造假嫌疑。但是不能否认的是，猪肉价格在第一拨上涨时涨得最多，可以说在那样的股价之下，猪周期在那样的低点之下，就算正邦是个造假的公司，你都可以买，这就是赔率的威力。但是，如果你认为你的眼光特别好，甚至是这个行业的专家，判断最后牧原会成功，于是买入牧原，那么你会很难受，因为每天看着“两邦”（正邦、天邦）涨停，而你买入的牧原却涨得很少。

市场情绪会波动，它永远在两边摆动，一边极度乐观，一边极度悲观。利用市场情绪赚钱是很正常的。从乐观摆向悲观是一个渐进的过程，不太可能瞬间就从悲观摆回乐观。例如科技股，2019年就有人觉得估值已经很高了，因为一年之间估值从20倍到40倍，而公司还是这个公司。可能公司的经营从50分上升到60分，但是从基本面的角度来看，如果你是行业专家，可能会觉得公司变化很小。这实际上就是市场的情绪变了，从非常悲观摆到了偏乐观，也许它会继续摆到更乐观，但是现在很显然已经处在一个很乐观的阶段了，就算这里不是终点，也可能已经距离终点不远了。

我们要做的就是回避这种难题：市场还会不会摆到更乐观？有可能，但是这属于难题，我们可以选择不做。这就是我讲的不出奇。它不是一件你能力范围可以把握的事情，对你来说就是难题，即便最后你答对了，也不是一个可持续、可复制的策略。虽然这一次的策略成功了，但下次并不一定成功，你会出现所谓大小年风格的问题。而冯柳的操作模式就不存在这个问题。

作为一个普通人，要学会从普通人的视角看问题。因此我的投资模式更偏向于冯柳，这种模式其实非常容易学习，只要树立正确的观念，多加练习即可。在弱势市场，做反转相对容易；而在补涨的行情，做动量相对容易。动量并不是简单的追涨，通常是在一拨中期调整之后介入，它一定要有严格的买卖点。动量策略的核心是追随趋势，并相信它会沿着这个趋势走下去。

总之，我们的出发点永远是普通人的认知，我们会贪婪、恐惧，这是人性，我们要做的是顺应人性，而不是去跟人性对抗，因为你是普通人。如果你天赋异禀，就不需要这个体系了。除此之外，还要有计划，即使目标高不可及，也要做好计划，并努力实施。

我们都是普通人，最好的策略是跟随趋势、聚焦反转

作为一个普通人，当所谓的机会或者突发事件摆在我面前，我跟多数人一样，处于蒙的状态。这时候我可能会需要专业的人指导，听取专家意见后再思考现在的股价处于什么位置，整个行业处于什么位置，这是我能力范围内可以做的事情。但如果要进行专业的判断，如这只股票的股价能涨到多少，就不是我擅长的了。我没有能力去判断公司三个月之后会不会是大牛股。当公司处于一个合适的位置，我会去判断它有没有更多的可能性，我该下注多少，更像是一个打牌的人。我会经常去尝试那些看起来还不错的机会，过了几天后一旦发现不对，马上就会止损。

我是普通人，是趋势的跟随者，不是价值发现者，因为我没有做价值发现的基础条件。如果未来我们的公司做大了，请到顶尖的专家，在赔率合适的情况下，也不排除我会去尝试价值发现。我的理念就是：专业的事情交给专业的人来做。

不做价值发现者还有一个原因，即资金量大的投资者在信息、研究等方面更具优势，总能先一步发现机会。但只要我们认真观察，总有机会发现他们在 K 线图上的蛛丝马迹，基本就能够找到方向，等你认识到这个逻辑，就可以在较早的阶段跟随他。

之所以选择趋势交易，在于这是普通人都能干的事情；之所以现实中有很多人在趋势交易中受挫，在于他们受到很多观点的误导。比如巴菲特的理念，这对普通人来说是很难学的，需要天赋和运气。我认为普通人不适合去学习巴菲特的投资理念，因为巴菲特不是普通人，道理就这么简单。市场上还有一种观点：守好能力圈，不要出去。但这样做的话你的眼光就会变得非常狭窄。只盯着一个点去看，如果这个行业恰好处在周期底部且周期很长的话，那么这期间你会反反复复地思考自己错在哪里，并且越来越偏执。

没有选对适合自己的投资理念，面对失败，你的总结永远是：信仰不够坚定、研究不够深入、自己不够勤奋。但这样的总结一般是错误的。

投资如善水，水善利万物而不争

| 善水源资产 |

编者语： 作为村里第一个大学生，@善水源资产刘明月当初只是为了便于择业而选择工科专业。毕业以后顺利进入广州冷机、美的集团的他本可以一路走下去成为出色的机械工程师，却因为同事的一句话毅然转向金融领域。他在投资路上历经几轮牛熊市场的沉浮，回溯往事时才发现，自己走上投资这条路，是冥冥之中就安排好的。

我的第一次“投资”选择

我出生在一个普通的农村家庭，父亲是教师，母亲是家庭妇女。我小时候特别调皮，小学时语文常常不及格，但对数字比较敏感，数学总是100分。母亲对我一直采取鼓励式的教育方式，面对我极度偏科的学业，她没有强求我。直到初中二年级的某一天，没有任何征兆，我好像突然开了窍，开始专注于学习，到了初三我就有了各种奖项的加持，成了村子里口口相传的“别人家的小孩儿”。母亲对我的教育让我受益良多，我从小做事情的态度就很积极乐观，性格也开朗。

在我之前，家里没有任何亲朋好友从事金融行业，小地方的生活很单纯，我对上大学都没有什么概念，更谈不上做投资。高考时我以高分考入华中理工大学（现华中科技大学），成为村里第一个大学生。我在高中时数理化成绩比较好，在当时的社会环境下，大学理所当然要在理工科中选择，而且觉得工学容易择业，所以我选择了工学。

我的本科学校当时在国内理工领域可以排到前列，从这里走出了不少科技界大佬。母校对学生的培养非常全面，学科多，学生的学业很重，但现在看来这些为我打了一个很好的底子。大学四年我的思维、眼界都变得开阔很多。学习之余我也参加了很多社团活动，比如篮球，给我的性格塑造带来很多潜移默化的影响，让我能更好地融入集体、与人相处，与团队其他成员做好配合。

大学毕业后我来到广州，先后进入广州冷机、美的集团研究所工作，因为我学的是流体机械及流体工程专业，所以我选择从事智能与低温技术的研发。那时我的工作就是拆解冰箱压缩机和空调系统，做换零部件、改变参数的实验。每天在实验室和生产车间穿梭，渐渐地，我发现自己知识储备不足，于是我决定通过考研来改变现状。当时我没想过要考金融专业，还是在准备原来的专业，然而有个同部门的研究生前辈告诉我："如果你还是考压缩机方向，那么我的今天就是你的明天。"这句话对我影响很大，刚好我有个在大亚湾核电站工作的同学在备考中山大学的金融专业，我想"学霸"选的专业应该不错，仔细斟酌后我决定破釜沉舟，把广州冷机给我的一点原始股卖掉作为未来的学费，最终我如愿考上了金融专业的研究生。

广发十年，造就我对“周期”的研判

2003 年是我读研究生的最后一年，经历了工作、读研，在研究生毕业找工作的时候我总结了本科毕业找工作的经验，把工作的范围铺广了，基金、证券、银行和学校，哪里需要去哪里。当时金融专业的毕业生最好的选择就是去公募基金，通过我的求职战术，我最终获得了去广发基金实习的机会。那时广发基金刚刚成立，百业待兴，我是第一批实习研究员，被分配去看周期品。虽然公司刚刚成立，但一切考核体系都是参照广州的易方达基金，各方面选拔都很严格。

在实习期将满的考核期，我花了七八天时间专心撰写研究报告，并在答辩时面对公司所有基金经理和管理层阐述我的报告。这是一份关于钨行业的深度分析报告，我推荐的个股是厦门钨业，而广发基金的领导曾是厦门钨业的保荐人，如果我分析得不到位，那么立马会被拆穿。我战战兢兢地完成了我的阐述，主管投研的朱平先生评价：“这份报告已经达到中等研究员的水平。”就这样，我作为首批研究员进入了广发基金研究部。回想起来感慨万千，我在学校的时候从未炒过股，连账户都没开，K 线图也没看过，业务上来说就是一张白纸，系统训练完全是从广发基金开始的。

进入广发基金后，我从有色金属开始研究，挖掘的第一个牛股是宝钛股份。当时我通过行情系统看到有色金属行业涨幅不错，接着看基本面，然后去上市公司调研。刚关注宝钛股份时其股价只有 5 元，报告写完后涨到了 7 元，基金经理在 10 元的时候大举买入，2007 年最高时涨到 88 元。那时是大宗商品投资的黄金时代，铜、铝、锡等行业出现了一批大牛股。也是那段时间，让我对周期股的理解刻骨铭心，也见证了周期股的魅力和杀伤力。刚开始随着金属价格上涨，上市公司基本面超预期，股价波动上升，其上涨之快让一切成长股都显得逊色；但随着价格回落，上市公司股价也一泻千里，又让持有它的人痛不欲生。

大宗商品是强周期股。除此之外我还研究机械行业，我将它定义为技术周期股。它有很多细分的子行业，工程机械、重型机械、矿山机械等，每个子行业景气度不同，投资逻辑所处的阶段也不同。这类技术周期股，一旦技术壁垒被突破，供求关系发生逆转，上涨行情就会随之结束。当时我挖掘了一批机械行业的牛股，比如中国船舶、三一重工、天地科技。

后来我接手了研究部的管理工作，既要研究宏观策略，还需要将各行业放在一起做对比。增加了医药、食品饮料、传媒等行业，我研究的广度扩大了。跟踪宏观策略的这一年多对我的帮助很大，我对估值对比、行业配置、组合管理也有了概念。

在做研究员的时候，我每年都能获得比较高的内部评分，排名也保持领先。2009 年我开始转做投资，像每个初出茅庐的基金经理一样，起初半年多的时间我进行了高强度的学习，经常熬夜看报告，将各行业有代表性的公司的报告都深入研究了一遍，对公司的估值和行业的景气度增加了一些认识。

在投资中，我不断复盘、总结和分析，对价值、成长、周期、强周期、技术周期做了区分，对空间、壁垒、治理结构、团队等筛选公司的标准有了一些辨识。我的价值投资体系慢慢形成，偏好成长股的投资风格也逐渐凸显，那就是通过选股赚业绩成长的钱。这种风格也得到了投资者的认可，我管理的第一只具有代表性的基金——广发聚瑞（2012 年获评三年期金牛奖）发行时规模就达到 70 亿元，之后管理的 3 只基金规模总计超过 100 亿元，我获得了管理大资金的能力。在管理广发聚瑞期间，我投资了一批表现较好的公司，如海康威视、大华股份、金螳螂、东方园林等，还投资了白酒行业，在当时都有过比较强势的表现。

回顾来看，我的投资体系是不断进化的，从强周期的大宗商品入手，到周期性较弱的机械行业，再到全行业，最后聚焦成长股。同时拥有这些经历的投资经理目前在行业里可能比较少，尤其是对大宗商品，想要研究好并不容易，因为需要兼顾政策、价格、汇率、利率等因素，既有基本面属性又有金融属性。

市场的历练，让我更重视“仓位”

2014 年 10 月，出于职业规划的考虑，我向广发基金提出辞职。之后我加入了中欧基金，管理的第一只基金是中欧明睿新起点。这只基金于 2015 年 1 月 29 日成立，到当年 6 月，基金净值从 1 元涨到 2. 142 元，上涨 114. 2%，超越上证指数 63. 7%。

由于净值表现优异，基金规模冲到了 150 亿元。2015 年 5 月，我的静默期结束①，此时恰逢市场高点，1 个月后股市大幅下跌，基金净值跟着回撤。我当时看好并重仓了互联网金融，系统性风险叠加金融向下周期，在 6—9 月基金净值回撤超 50%，表现不理想。我总结了两点教训：一是公募基金有最低仓位限制且业绩考核标准为相对收益原则，无法通过降低仓位规避净值随市场快速下跌而大幅回撤的风险；二是互联网金融行业受到超预期的监管收紧政策的影响，板块下跌幅度超过大盘整体。不过，在 9 月市场见底后，我重新精选了行业和个股，基金净值快速提升，到年底净值

① 根据基金行业相关规定，我从广发基金到中欧基金后需要一段“静默期”。

上涨了 53.2%，再次超越大盘。从 2015 年全年来看，我仍然获得了 30.4% 的累计收益和 21.9% 的超额收益，同期上证指数上涨 8.5%，在经历建仓期市场大幅波动的情况下仍取得了较好的超额收益。

2015 年的投资经历让我深刻体会到：在“泥沙俱下”的行情中，“仓位控制”是多么重要，控制好仓位，就能够有效降低市场系统性风险。2016 年，我因为遇到了一些其他的事情，没有时间和精力倾注在基金管理上，直到当年 12 月还是不能集中精力关注组合。出于负责任的态度，我卸任了基金经理。虽然投资结果不尽如人意，但我对自己的投资能力从来没有怀疑过，也没有动摇过自己做投资的信心。

我的公募基金管理生涯既经历了 5 年熊市管理基金净值翻倍，也经历了 2015 年股市大幅下跌导致业绩回落。回首看，这两次熊市是截然不同的，在广发基金的 5 年熊市里，其实仍然有结构性机会，通过自己精选个股，每年仍能获得少量收益，比如 5 年获得 1 倍的超额收益；但是 2015 年是“泥沙俱下”的行情，如果没有调整仓位，业绩很难做好。我认为，在结构性行情和牛市中不用太关注仓位，但是如果面对的是 2015 年和 2018 年这样的系统性风险，降低仓位是很有必要的。

私募创业是我成就“价值”的方式

从离开中欧基金到创立善水源资产的这段时间，我除了调养休息外，还体会到了远离市场是什么感觉。以前总是忙着调研和工作，好像不关注市场就没办法生活。这段时间让我的人生沉淀下来，可以让我进一步学习如何做研究、如何做投资：学习一家公司从亏损到转折到成长再到蓝筹的过程，学习不同阶段的公司不同的投资逻辑。在学习过这些不同公司的投资模式后，我认为还是有业绩的公司更容易把握。同时我思考了如何在保证绝对收益的前提下赚取相对收益，我重新看了一遍与投资相关的经典书籍，比如巴菲特、费雪、彼得·林奇几位大师的成长史，以及黑石集团的发展史等，我也读了人文、历史方面的书籍，对人生的价值有了新的思考。基金经理的价值就是为社会经济中的融资和定价等做出一些贡献，我们投的不是筹码，而是一家公司；买入公司不能时刻想着卖，而是要想到它的价值。

从公募转做私募其实是因为我有创业的情结。广发基金是业内一流的公募平台，我从广发基金到中欧基金，就是被中欧基金事业部制的创新做法吸引，想去尝试这种半创业的状态，专注做投研，但进去以后发现还是有一定的弊端。在中欧基金的短暂经历让我更有勇气也更有信心成立公司，我也想对自己的管理能力提出一个新的挑战。

做公募时我曾在给投资者的一封信里提到“要为普通大众去理财”，在休息的那一年，这个想法有了升华。基金经理不仅要为普通大众理财，更要为一切合法收入者理财，不论收入高低。我认为这是金融从业者的责任。

转做私募基金后，我的心态更稳定了，不会顾虑排名或者和别人比较。投资策略方面，我在公募基金的时候给大家的印象是进攻性强，“矛”的特点突出；到了私募我更加注重安全边际，关注防守，补充“盾”的特点。公募和私募最大的不同是仓位制度，阳光私募最低仓位可以是“0”，可以灵活调整，这是私募最好的工具。对于基金经理来说，在公募时，仓位是选修课；在私募，仓位变成了必修课。

另外，从制度上看，公募追求的是相对收益，而私募追求的是绝对收益，对能力要求更高、挑战更大。投资的终极目标是获取持续的绝对收益，这也是投资的本源。回到善水源资产，我把公司看作我的创业果实，就像“善水源”这个名字的立意：“上善若水，水善利万物而不争。”无论规模大小，我们都希望能做到业绩持续优秀，为投资者带来稳定持续的复利回报，成为国内领先的私募基金管理公司。

投资要坚持学习，不只是每天看研报，还要多读书。除了投资类的书籍外，历史、人文类的我业余时间也会看一些，广泛地摄取知识有助于拓展自己的认知。

除了投研工作外，我喜欢篮球和网球运动。篮球运动不仅能锻炼身体，还讲究团队作战、组织和战术，这与投资的配置和组合很相似。正所谓所有最好的运动员在一起不一定能打好一场篮球赛，在团队中，个人特点要服从于集体配合。同时，篮球运动也让我广交朋友、性格更开朗。

网球运动员李娜是我的偶像，她有一本自传——《独自上场》。读完这本书，我感觉基金经理和网球运动员一样，虽然背后有强大的组织，但到了战场上都是独自上场、随机应变，没有勇气是不行的；在技术上只有越全面才能越接近成功，进攻和防守之间要做好平衡，速度、力量、动作等方面都要照顾到；比赛是常态，但心态上要保持平衡，每一次都要发挥自己最佳的动作水平。做投资也一样，是一种艺术，不能剑走偏锋，空间、估值、壁垒，一切只有刚刚好才能挖掘到牛股。

再谈谈我作为一个投资人对自己的评价：第一，我的心理素质、抗压能力和韧性比较强，这是我做基金经理的优势。第二，从专业基础上看，我学生时期数理化学得较好，逻辑能力较强，《概率论与数理统计》是我上大学时唯一拿到满分的课；理工专业培养了我的严谨，金融专业补充了我对社会学科的理解。第三，我敢于坚持但不偏激，能够不断学习，对新鲜事物的接受度比较高。做基金经理以来，我偏向价值成长投资风格，且都是纯股票策略，在短线交易操作上水平不算高，对债券、期货、期权投资的经验不那么足。所以我在构建投资组合时，如果非常看好的公司在估值和基本面等方面没有太大问题或变化，我的持仓周期可能在3~5年或更长，更注重长期、持续的复利。

想要做好投资，首先要勤奋，要不断地搜集数据，进行严密的逻辑分析；其次要注重平衡，尽量提高预测成功的概率。而作为基金经理，我认为最要紧的是注重格局与方向，以及做好风险控制。

最后分享我过去投资经历中最有代表性的两个真实案例：

第一，我对安防行业的投资比较成功，比如海康威视和大华股份，它们都属于有技术壁垒的公司。2010年我预判安防行业上升空间会非常大，从治安管理到医疗教育等，行业扩展需求很大；地域空间上，有从省级城市向三四线城市普及的趋势；行业竞争格局上，行业第三名与海康威视、大华股份的差距很大，这两家公司过往业绩、团队、治理结构都不错，未来业绩持续增长的概率也很大。但是这两家公司的估值水平当时偏高，市盈率25倍，相比煤炭、银行高了10多倍。而我个人判断这个估值水平并不高，因为它们的成长能持续很长时间，市盈率25~35倍是合理的。事实证明我的判断是准确的，它们的业绩一步一步兑现，从2010—2013年报可以看出，市盈率为35~65倍，估值中枢50倍，估值一直比较稳定。

第二，2015年，在对互联网金融行业进行投资时，我在当时政策超预期收紧的情况下没有在仓位上做出彻底的调整，造成2015年股市大幅下跌时出现大回撤。当时我重仓了东方财富、同花顺、恒生电子、金证股份，它们都是各自细分领域的前2名。我对它们的成长空间非常期待，如果没有政策调控，这个方向是很好的，转型爆发性很强。但最后恒生电子和金证股份因为牌照受限不能做互联网金融，业绩没有兑现，东方财富和同花顺也因为行业的周期性受到了影响。这次经历后，我意识到预测没有百分之百的准确，一定要深刻认识自己的不足；面对市场要小心翼翼、如履薄冰，犯了错要及时认错、及时修正，以后不犯同样的错误；对于预测要大胆假设、小心求证，对于政策、基本面要勤于跟踪，只有这样才能少犯错误或者错误不会那么严重。

“不败”哲学下的投资实践

| 非完全进化体 |

编者语：一直以来，雪球像一条大河，汇集着各式各样带着投资希冀的“支流”。他们有的是投行人士，有的是券商分析师，还有的是实现了财务自由的职业投资者。本文的主人公是一位入市10余年、不断进化的私募基金经理——@非完全进化体（王冠）。

专业投资者之路

我是雪球私募“牛顿定律”的基金经理王冠，获得中国人民大学硕士学位后，先是进入券商投行部门工作，主要做IPO与上市公司再融资；后与团队出来先后组建了一家私募股权投资基金公司与一家私募证券投资基金公司，目前主要精力放在后一家公司上面。

我2007年入市，一开始盲目自信，也赔过钱。后来的五六年中，出于个人兴趣与工作需要，我阅读了数百本与投资、心理学相关的书籍，并通过了CFA（特许金融分析师）二级与CPA（注册会计师）部分科目考试。我的认知与实践能力屡上台阶，投资表现也渐入佳境，在接下来的六七年时间，我的家庭资产增长了近20倍。

我认为过去15年，中国处于增量经济时代，A股市场以散户为主，经历了几轮大的牛熊转换，某一阶段的低估与高估几乎是肉眼可见，给能够识别优秀公司和能够保持理性的投资者带来很大的红利。当前增量经济时代已过，市场逐步机构化（但市场因悲观、乐观产生的红利仍会长期存在），对投资者的要求也越来越高。

2012年至今，我的投资风格经历了以下变化：以优秀银行股为代表的低市盈率投资，以格力、美的、福耀为代表的低估值、高壁垒制造业投资，以及以茅台、腾讯为代表的心智与社交垄断型公司投资。目前我对产业发展、商业模式、市场生态均建立了系统性的认知，尤其是我在大消费领域的能力圈不断得到拓展与深化。上述过程也是我的投资认知与理念不断进化的过程。

10余年金融行业的工作经历，不错的个人长期投资业绩表现，再加上原有一些客户、朋友的潜在需求，让我自然而然地走上私募证券投资基金管理之路。我之所以选择和雪球私募合作，主要基于以下考虑：抛开激励机制不谈，如果你有一位朋友，在投资上已经和你深入交流了六七年，历史观点清晰可见，犯过的错误你也清楚，每投资一个新的领域他都会将主要投资逻辑讲给你，有疑问你也随时可以提问沟通；同时他的历史投资收益不比知名基金差，尤其是在消费领域有着长期的认知积累与独到的洞察力，你会不会选择拿出部分资金来投资他的产品呢？至少我对市场上绝大多数基金经理的认知都很难达到这样的程度，而雪球私募则提供了这样的机会。

投资最基本的哲学是“不败”

《孙子兵法》中有一句话“故善战者，立于不败之地”，巴菲特强调投资的首要原则是“不要亏损”。不论是军事作战、体育竞技、商业竞争，还是投资，人类所有应对不确定事件或环境的长期制胜的核心哲学观都是相通的，这本质上是由现实世界的复杂性与人类认知、能力的有限性所决定的。如果“不败”是战略，那么战术则是“知己知彼，百战不殆”与“结硬寨，打呆仗”，对应巴菲特的“能力圈”与“打二十个孔”“慢慢变富”。

人类的本性就是喜欢冒险、即时满足和出奇制胜，但你会发现正确的方法都是“逆人性”的，所以长期来看，投资中只有少数人成功就不足为奇了。

应用于投资实践中，我有以下一些具体原则。一是在公司选择上要求“垄断于不变且增长的需求”，即公司能够维持永续增长，此为公司长期经营层面的“不败”。二是在支付价格上要求“不为乐观预期支付高溢价”“预留一定的安全边际”。因为人一定会犯错，哪怕犯错我们也应尽可能将代价降至最低。同时仓位要适度分散，此为个人主观判断层面的“不败”。在具体选择公司时，既然显而易见的垄断公司估值都很高，那么可以选择“接近于垄断的公司”，但我要求对这类公司的投资必须满足“业务发展与竞争格局变化易于跟踪”，同样是为了将犯错的损失降至最低。

投资中最核心的是对“垄断”和“不变且增长的需求”两项特征的判断。对此，我要求必须同时满足“底层逻辑清晰可见”与“已经为历史所验证”，即通过演绎逻辑与归纳逻辑的相互印证，将主观判断的胜率提升至最高。说到底，我们必须将投资研究的过程变成一门科学，靠感觉、运气和灵感迸发取得投资收益均不具有可持续性。

我们可以看到，价值投资的核心概念，即“护城河”“安全边际”“能力圈”，以及“适度分散”，它们最底层的逻辑或原则都是“不败”。作为投资者，我们应当将上述原则真正融入自己的潜意识或“血液”之中。我看到很多投资者虽然嘴上喊着口号，但在潜意识中自我蒙蔽，实际行动经常违背这一原则。近几年，通过对“不败”理念认知的深化与实践能力的提升，我个人“打孔”的胜率越来越高，最近一年多继续持有或新加入的核心持仓，都获得了较为显著的超额收益。

古语有言，“功夫在诗外”，投资也是一样，很多能力其实是在投资之外培养的。比如我自上大学起就酷爱哲学与心理学，捧着相关书籍当小说读，经常对一个问题苦思冥想好几天。到后来真正开始做投资，我发现这些曾爱好的东西开始产生价值，它们甚至可以帮助我构建最基本的认知观与逻辑思维方式，尤其心理学在投资实践中的价值也是不言而喻的。

近十年的投行与股权投资工作经历对我做二级市场投资的帮助也很大。第一，它让我的基础专业能力如财务、法律、行业研究历练得非常扎实，做投资的人应该能够体会到IPO申报文件对专业性和严谨性的要求有多高。第二，上述工作经历让我有机会亲身参与超过百家处在不同行业的企业的实地调研，基本上是与大股东或高管直接对话，这种机会不可多得，它让我对企业的商业实践细节与管理层的人格认知积累了第一线的素材。第三，多年投行的工作经历让我深知上市公司造假的常用手段，哪一类公司造假很难被发现，哪一类公司容易造假，这些我都了然于胸。至今我投资的公司从未出现过因造假“暴雷”的情形，当然这与我的投资理念和体系也有直接的关系。

专注投资消费以及互联网行业的初衷

专注消费行业让我的投资理念与原则得以更好地应用，并与自身能力、资源相匹配。首先，消费行业的竞争优势如品牌优势、渠道优势以及产品本身的优势更多是外显的，我可以清晰地看到并分析出其底层逻辑；而一旦其产品需求与竞争格局发生变化，我可以第一时间感知。而对于很多科技企业、制造业所拥有的技术优势、成本优势，以及它们的演变逻辑，我们更多时候看到的只是结果。对于我而言，这并不符合实证主义精神。更重要的是，成本优势与技术优势很难形成垄断。

其次，我的心理学专长也非常适合投资消费行业。不论是对某类产品的消费心理，还是对生活中发生的一些消费行为的变化，我都有着更加敏锐的认识。有时，这些“数据”会明显领先于公司财务表现与研报观点。比如：新冠肺炎疫情期间你发现某家连锁餐饮企业的很多门店都需要排队；你发现某公司的产品特征非常适合以直播的形式去推广；你发现新茶饮文化的盛行会对某些行业和公司带来长期影响。这些观察与思考都可能为你创造超额收益或规避风险。

绝大多数产业的发展最终都是为了满足人类的消费需求，对消费行业的投资永远不用担心过时。从发达国家与中国过去的市场表现来看，上述特征都让消费行业成了长牛股最多的行业之一。

如果我选择投资一家互联网公司，一定是因为它也能够满足以上我所提的所有基本原则。抛开行业的标签，互联网行业并不是“一个”行业，它更像是应用于不同行业和领域的一种技术。比如游戏公司、电商公司与云计算公司，从分析所用的行业模型与专业知识来看，其实涉及多个行业。很多面向消费者的互联网公司，实际上是消费品行业的一个重要环节或是服务消费的公司，其中一些公司的竞争优势同样清晰可见，其变化与竞争也易于跟踪。

2018 年至今，市场先后经历了两轮较大的系统性危机，同时全球各发达国家的银行储蓄利率均处在历史极低位，上述两项因素共同推动刚需成长类公司的估值持续提升。我的看法是：当前想在上述领域获得长期超额收益的难度越来越高。如果上述两项因素中有一项发生变化，或者公司本身业绩的持续增长未能兑现，那么风险便会随之而至。投资者经常依赖历史参照来论证一家公司 10 年后应该是怎么样的，你也很难去反驳说这样做不对。但如果你多了解历史就会发现，人类对未来的预测不论当时看起来多么严谨、可靠，其结果却经常是错误百出的。

在上述行业中不乏中短期受外部环境影响估值下跌或被市场忽视的优秀公司。比如同样是投资消费领域，2020 年，本人持有的除白酒外的几家消费品公司，预期市盈率平均在 16 倍，一些公司仍有数倍的长期增长空间。同样是面对不可预知的因素，你是基于保守、现实的视角，或是基于乐观、预期的视角，所导致的结果很有可能是完全相反的。

能力圈并不是一个静态和绝对的概念，它具有一定的“后验”成分。我的看法是，当你在相当长一段时期掌握了一个行业或一家公司绝大多数重要的信息和变化，你就拥有了能力圈。

应用于投资实践中，我有三项标准：第一，行业和公司是否有足够长的经营历史，我们是否已经掌握历史上重要变化的底层逻辑；第二，在对行业和公司的关注和持有过程中，是否绝大多数重要变化都在我们的预期或理解范围；第三，影响行业和公司重要变化的信息，我们是否能够充分、及时地获取。

只有同时满足上述三项标准，一家公司才能够成为我的基金的核心持仓。

如何看待择时这件事情

2018 年 1 月，在中美贸易摩擦发生前的市场高点，我成立了一只基金。同样的投资能力与连续业绩，基金成立在高点还是低点，给外界带来的感知与评价还是会有不同。从这个角度而言，这些声音确实对我产生了一些影响和困扰。从 2016 年初至基金成立日，我参考雪球组合的个人投资收益超过了 200%，而我的投资体系与核心持仓在基金成立前后并没有发生什么变化。从更长的时间来看，中短期运气因素最终会被投资能力抹平。

在非明显市场泡沫期，择时的意义非常有限。所谓市场高点大多是后视的，放在当初的时点，我既无法预料到接下来中美贸易摩擦的发生，也无法预料到 2018 年三季度“环保一刀切”下大量中小企业关停给经济带来的影响。如果再来看新冠肺炎疫情下的市场危机，很多优质的公司很快恢复到了疫情前的高点，那么寄希望于择时避险的投资者可能会是另一番结果。

最典型的例子是贵州茅台，抱着择时心态的投资者，即便他们对公司长期发展一直看好，最终又有多少人享有了投资茅台的长期收益呢？如果你所投资的优秀的公司，长期的成长性是高度确定的，那么相比中短期下跌，错过才是最大的风险。在新冠肺炎疫情中我也一直坚持“找到从容应对危机的优秀公司好过持有现金”的观点。

事实上，每一次持仓中的优秀公司大跌，几乎都给了我加仓的机会。

粗略估计，仅仅这样一种“习惯”就给我贡献了不少超额投资收益。如果这也称作择时的话，那么我可能也会被纳入高手行列。但这两种择时有着本质的区别：前一种基于中短期市场预测，后一种却基于更扎实的安全边际与更显著的长期投资价值。

投资中亏损最多的案例

基金成立后，我投资损失最大的一家公司应该是白云机场。当时大跌的直接原因是民航补贴的突然取消，但我个人将其卖出的原因并不在此，而是对公司治理问题的进一步理解与重视。核心区域的机场拥有很好的商业模式，然而国内机场作为国有企业，其实际控制人与中小股东的利益存在较大的不一致。政府对机场建设投资的决策动机在于对当地经济的整体拉动，而中小股东的回报来自其所持股份享有的自由现金流。通过股权融资去建设新的航站楼，在稀释原有股份的同时，可能还会拉低机场整体的资产回报水平。虽然这一决策对当地经济发展可能是有利的，但对于中小股东的利益很可能是不利的。

回头来看，这次亏损的经历有可能给我带来无形的收益。这两年很多原本就估值很低的港股公司，其估值变得更低了；而一些业绩持续增长的公司股价仍在原地徘徊。上述现象出现的最核心原因还是在于公司的治理问题。理论上讲，如果一家公司的管理层不注重甚至侵害中小股东的利益，那么不论它自身资产或利润是多少，它的价值仍可能为零。缺少了股东回报，一家公司就完全失去了估值的“锚”。

现阶段的一些感悟

首先，现在的我与基金成立前的我，最大的变化是对商业模式的认知更加深刻，对公司治理问题更加看重，对企业发展与社会发展之间的关系也有了进一步的思考，也更知道如何做才能不亏损。

其次，从个人投资到基金管理，我的家人自始至终给予了我很大的理解与支持。这几年公司处于起步期，2019 年女儿出生，爱人和岳母更多地承担起看护孩子的责任。在我最忙碌和压力最大的时候，她们也会带孩子回老家住一段时间。我非常感激我的家人。

最后，对于投资新人如何选择适合自己的投资理财方式，我给大家提供一些建议：

巴菲特建议普通投资者进行指数基金投资，但前提必须是在一个体制健全、公司治理良好、具有优胜劣汰制度的市场，否则指数并不能很好地反映一个国家的长期经济增长。

A 股市场公司治理良好，能同步或超过经济增长速度，同时估值未被明显透支的行业和公司的比例并不高。作为投资者，要么自身能够逐步培养选择优秀公司的投资能力，要么可以选择各个核心领域（如消费、互联网、医药）最优秀的基金经理所管理的产品进行资产配置。做好前者的难度很显然并不低，做好后者同样需要对基金经理的历史投资业绩、投资理念与逻辑、保持理性的能力、对投资人的利益保护等进行全方位的考察。

拥抱价值不松手

| 股海十三年 |

编者语： @股海十三年生于20世纪80年代初，广东人。他早年曾在某通讯社广东分社任职，不到一年后辞职创业，先后创办了两家企业，并担任董事长。他经营企业多年，现从事资产投资管理工作，是一位私募基金经理。沉浮股海多年，他将告诉你经历多年实战之后，自己心中股海的样子。

什么是价值投资

初入市时，我热衷于短线投机，那个阶段胜少败多且身心疲惫。古人说穷则思变，我是痛则思变。这个转变大约发生在我入市两三年后，我采用价值投资理念，从此投资业绩“一路长红”。

我认为价值分为静态价值和动态价值：静态价值由现有的资产、有形净资产、现金流、股息等已经确定的事实构成；而动态价值则由公司未来的盈利能力或未来的自由现金流决定。前者反映的是过去及现在，格雷厄姆的投资思想主要是建立在前者的基础上；后者反映的是未来，投资者只能根据各种因子来预测动态价值，这种预测有很强的主观性，且对投资者的眼光、知识有着非常高的要求。事实上，股票的内在价值并非固定值，无法精确地计算出来。要想估算股票的内在价值，我们应该追求模糊的准确，而不是错误的精确。价值投资只是一种投资理念，即使依据价值分析来投资，也无法保证100%盈利，它只能大大提高盈利的概率。无论哪一种投资理念，盈利的概率、长期的业绩都与投资者的投资能力相关。

价值投资有两种风格：费雪风格和格雷厄姆风格。这两种投资风格的产生都有其历史背景。格雷厄姆经历过经济大衰退、大萧条，在那个历史阶段，无数企业或灰飞烟灭，或苟延残喘，难以见到正常成长的企业，股票市场也一片萧瑟，非常低迷，所以格雷厄姆偏向于分析静态价值。而经济开始稳定增长之后，企业的生存环境得到改善，在这样的历史背景下，产生了许多稳定成长的企业，成长股的股价也节节攀升，费雪的投资思想就是在这样的市场环境中形成的。格雷厄姆并非完全忽略企业未来的盈利能力，费雪也并非不看企业的静态价值，其实他们的投资思想是有交集的。格雷厄姆思想的精髓是安全边际，即使你投资具有成长性的企业，在预测企业未来盈利能力或未来自由现金流时，也不要过于乐观，尽量保守预测。我倾向中庸之道，即格雷厄姆与费雪的结合。我对他们的投资思想并非全盘接受，而是有选择性地吸收。早期我是100%费雪风格，之后是70%格雷厄姆+30%费雪的风格，现在我是50%格雷厄姆+50%费雪的风格。

学会做时间的朋友

很多人认为，做价值投资可能要等到年纪大了才能富有，所以不愿意做价值投资。其实，一个不可忽视的事实是：大部分人年老以后，依然是一个事业成就非常平庸的人，甚至从来没有富有过。另一个事实是：在任何一个领域，要获得成功都需要时间，而且需要我们不断地付出努力。

股票投资只是一个投资渠道，是能让你的可支配资产增值的渠道。如果掌握正确的投资方法，比如价值投资，将来你可能会获得原本无法获得的财富，让你的人生跃上更高的层次，你的财富可能会逐渐同原本与你同阶层的人、同龄的人拉开越来越大的距离。这些就是投资的积极意义，所以投资者要学会做时间的朋友。然而很多人不愿意慢慢变富，希望实现暴富的人很多，于是成功者寥寥无几。

当然，投资者也不要期望拿着十万八万元全职投资股票就能在将来实现财务自由，这是懒惰与逃避社会现实的表现。即使运气极佳，两年能够翻倍，这些资金也无法解决生活问题。我认为，投资者在本金不够多的时候要面对现实、努力工作，以增加投资本金。增加本金与提高投资收益率都很重要，在初期，增加本金甚至要比提高投资收益率重要得多。

集中持股还是分散投资

集中持股还是分散投资？这是价值投资者们争论较多的一个话题。我认为对此要进行量化分析。如果集中投资是指投资 1 ~2 只股票，我认为风险会相对大一些，因为任何一家企业的未来都存在某些不可预测的因素。此外，投资者难以完全了解清楚一家企业，信息获取渠道非常有限，所以过度集中的投资蕴藏着比较大的投资风险。主动避开投资风险，投资者能做到的事情：一是尽量了解清楚投资标的，做好选择；二是适度分散投资。一般而言，持股越多，个股风险越小。但在持股过多、时间精力有限的情况下，投资者又无法深入了解投资标的，可能持股清单里会有很多并不太值得投资的企业股票。因此，适度的分散是一个比较好的选择，可以用概率去对冲“黑天鹅”和不确定性。适度的分散，既考虑了个股投资风险，又兼顾了投资收益，而且净值的波动性会减弱。我的投资组合精选分散于多个行业的、最有投资价值的股票，通常持股15～20只。这样的投资组合依靠整体表现取胜，其长期业绩会更加稳健。

还有人担心分散投资会因无法深入了解企业而导致投资失败。其实，这既和投资者付出的时间精力有关，也和投资者的研究分析能力有关。打个比方，如果投资业绩相当于学生们各科的平均成绩，“学渣”只学2个科目，“学霸”学10个科目，看起来“学渣”学的科目少，平均成绩应该会远远超过“学霸”，然而，最终的结果肯定是“学霸”的平均分远远高于“学渣”。

可能有人又会问，如果是两个“学霸”之间的对决呢？事实是倘若科目过少，“学霸”也可能会在考场上发挥失常。科目越少，偶然性因素、运气因素对平均成绩的影响越大，股票投资同理。

一次影响深远的投资

俗话说“四十不惑”，是因为人到了这个年纪，已经经历了很多。因此，每一段投资经历对我来说都很宝贵，而对我投资生涯影响最大的是对张裕的投资。我从2009年初买入到2011年卖出，赚了接近2倍。但在我卖出张裕股票半年以后，国家降低了进口葡萄酒的关税，张裕因为受到进口葡萄酒的冲击，业绩大幅度下滑，股价也大幅度下跌。后来的一切尽管发生在我已经卖出股票之后，但这一段投资经历改变了我的投资思想——由原来的极度集中投资变为适度分散投资，而且由100%的费雪风格转向以格雷厄姆为主、费雪为辅的投资风格。我认为人的认知、预知能力是有限的，况且世界并非静止不变，而是动态变化的，所以我们预测企业未来要抱着一种谨慎的态度，适当地分散。这样才能构建一个好的投资组合，从而控制投资风险，让概率发生作用。财富增长得慢一点没关系，重要的是增长的必然性、安全性、稳定性，尽量减少偶然性因素对财富增长的影响。

我的投资逻辑

我崇尚价值投资理念，在股票价值被低估的时候买入。

第一种情况，通常我会长期持有股票，除非找到更低估、更有投资价值的其他股票才会换股。当然在个股或者股市明显被高估、产生泡沫的时候，或者在公司基本面发生巨大变化的时候，会卖出股票。

我在 2005 年下半年的时候投资了三一重工，当时它是进行股权分置改革的第一家公司，而且那几年国内基础设施建设投资额增长得较快，拉动了工程机械行业的高速增长。三一重工当时市盈率、市净率都很低，其真实价值是被低估的。在我持有期间，三一重工净利润增长飞快，净资产收益率也达到很高的水平。直到 2007 年下半年的时候，我看到股市已经出现明显泡沫，才卖出大部分三一重工的股票。投资者只有用长期持有的方式，才能从企业的成长及估值的上升中获利。股票投资者的盈利主要来源于企业成长、估值上升这两方面。

第二种情况是持有期间，企业业绩表现一直很一般；或者初期高增长，净资产收益率也很不错，然而后来转为低增长，且净资产收益率也有所降低。这种情况下我会具体问题具体分析。未来可能会出现三种结果：一是持有期间企业业绩一直平庸，似乎看不到恢复至原来状态的希望，但股票估值上升，投资者耐心持有，依然可以获利退出；二是高分红，投资者得到补偿，分红后继续投入，账面资产的增长及分红可以使投资者获得比较理想的复利收益率；三是耐心持有，等待业绩增长率恢复或净资产收益率提高，比如我持有的银行股，以后会有“戴维斯双击”。事实上任何企业的经营业绩都应该是曲线上升，而不可能是直线上升。

我在持有期间，会特别注意观察企业在发展过程中有没有出现经营风险及财务风险。当遇到企业现金流出现异常、应收账款与营业收入比例大幅度提升，以及存货比大幅度提升等情况时，我都会提高警惕。比如我曾经持有的某服装企业的股票，该公司虽然营业收入实现增长，但是存货比例大幅度上升，甚至同行的其他企业也有类似迹象。这往往是行业即将迎来产能过剩或公司产品开始滞销的表现，再综合其他因素，我做出不再持有的决定。

在做出投资决定之前，投资者首先需要有足够的知识储备，并对企业非常了解。其次，投资者要想清楚一个问题，这个坏消息或者企业的这种变化，是否会对企业的长期价值产生影响，或是仅在短时间内影响企业。在持有股票时，我们要宽容一些，看得长远一些；要注重宏观，尽量忽视微观。不要因为企业的一些小缺点而彻底否定一家企业，世上既没有完美的公司，也没有完美的人。如果公司长期价值没有受到影响，一些投机者和投资者却夺门而出，那么对着眼于长期投资的人来说反而是好机会；如果企业长期投资价值受到了负面影响，我会选择卖出；如果我们没有多余的现金和十足的把握，那就选择静静坐着，什么也不要干。静观其变，有时也是一种策略。

而对于选股和择时，我认为选股比择时要重要。选股分为两部分：一是选什么股，这家公司是否优秀；二是判断公司的价值是否被低估。

我选择股票采用的是定性分析与定量分析相结合的方式。定性分析，主要是为了了解清楚行业的商业模式及企业的竞争优势。而定量分析主要研究财务报表，一般会进行两三轮筛选。第一轮筛选是看简单的财务指标，比如选择多年平均净资产收益率超过 15% 的、静态市盈率较低的企业，当然周期性股票除外。我们的目标是选择连续几年净利润有增长、有息负债比例适当、现金流充裕的企业。第二轮筛选则要复杂得多，需要对这些公司的招股书及多年的年报进行仔细认真的分析和研究，排除存在隐患和不足的公司。比如对于应收账款比例过高的、现金流太差的、固定资产投资比例过高的企业，投资者都要提高警惕。第三轮筛选则是根据公司价值的被低估程度、公司在行业内的竞争优势，以及投资者自身对该公司的了解程度和预期盈利概率，来安排具体的仓位比例。确定性高、投资价值高、价值被低估得较多的股票，占有的仓位就较高。但即使仓位最高的股票，也应尽量控制在总仓位的 20% 以下，确定仓位比例的重要性往往被很多投资者忽视。

择时则要看市场整体估值，判断市场整体估值我一般看四个指标：一个是沪深 300 板块的市盈率、市净率中位数；二是 A 股总市值与当年 GDP 之比；三是破净股占比；四是市盈率低于 10 倍的股票的占比。

价值投资者之间还有一个普遍的分歧，即是以合理的价格买入优秀的企业，还是以便宜的价格买入烟蒂股？我认为，以中国市场来看，这两种投资方法都能获得较好的收益，应该如何取舍与投资者的风险偏好、性格等相关。

目前中国股市中的很多投资者对烟蒂股有误解，比如把多年平均净资产收益率达到 15% 左右的银行股归为烟蒂股，这是错误的。投资成长股要求投资者对投资标的极度了解，而投资烟蒂股则需要适度分散。前者对商业眼光、企业分析能力的要求较高，后者对财务分析能力要求较高。

投资所谓的烟蒂股，适度分散这个原则不能违背。巴菲特当年购买伯克希尔－哈撒韦，错在他违背了适度分散的投资原则，把大部分资金投入购买这家纺织公司。

重点关注的投资板块

我比较看好房地产、金融、家电、酿酒等多个行业。因为商业模式、竞争格局以及其他因素的不同，所以各个行业盈利能力差异比较大。有的行业天生容易赚钱，我们就要找到这样的好行业、好公司，这样就会事半功倍，赚钱的概率也会大幅度提高。当然，前提是要对公司进行正确的估值，以便宜的价格买入股票。

最近两三年，银行股的估值都比较低，市净率已经低于1。当然这与市场对银行不良贷款增多的担心有关，但我认为市场是过度悲观，目前来看，银行业绩有向上好转的迹象，将会迎来“戴维斯双击”。银行是不错的行业，没有天花板，是最能分享到经济发展果实的行业。

房地产其实是非常容易赚钱的行业。所以这个行业也容易出现牛股，比如万科，过去20年涨了很多倍。未来10年内，我认为中国房地产还有非常大的发展空间。只要中国经济继续向前发展，城市化率必然逐年提高，按照西方的发展经验来看，只有城市化率达到70%，城市化进程才会逐渐放缓。2020年全国商品房销售额是15万亿元左右，我相信未来10年内，房地产销售额每年能增长10%左右，比名义GDP增长率高。在这个过程中，行业的生态也会发生变化，具有竞争优势的房地产企业会占有更高的市场份额，从而有着比行业更高的增长率。再悲观一点，即使行业总量不增长，竞争力强的企业占有的更高的市场份额也可以让投资者赚得盆满钵满。但销售增长快的房地产企业，有息负债比例都比较高，所以投资者需要对企业财务数据进行仔细分析，选择有息负债比例适当、没有财务风险的房地产企业。

白酒行业也是“大鱼吃小鱼”的行业生态。随着经济的发展和全民健康意识的提高，未来白酒整体销售量的增长其实是非常有限的，但是一线品牌的高端白酒，因为消费者消费能力的提高和消费升级，反而会发展得很好，销售量和单价的提升会使公司销售额和利润保持适当的增长。此外，白酒受外来竞争的冲击非常小，且消费者的品牌忠诚度非常高，这两点与红酒不一样。

白色家电目前已经进入寡头垄断阶段。比如空调，市场占有率前两名的企业已经占有六成的市场份额，所以很难出现不考虑成本的、恶性竞争式的降价，这样有利于保持适当的利润率。按照统计数据，中国每户平均拥有空调的数量只有 1.3 部左右，相比日本还有比较大的差距，所以这两大寡头垄断企业的发展空间还十分巨大。

投资最重要的事

投资中最重要的事有 9 件：一是有专业的投资知识；二是清楚自己的能力圈，有自知之明；三是懂得如何对企业进行估值；四是具有与生俱来的风险意识；五是能正确对待股票价格的波动；六是有逆大众而行的勇气；七是能够控制自己的情绪和欲望；八是有理性及客观的思维方式；九是有足够的耐心！

虽然股票投资进入门槛低，但赚钱的门槛极高。资本市场是残酷的，最终只有强者能活下来，长期来说只有 10% 的投资者能实现盈利。所以投资者一定要系统地学习投资知识，树立科学、正确的投资理念，降低盈利预期，不要孤注一掷，不要把股市当赌场，不要把运气错当成能力。

术业专攻

他进入了时代的超级赛道

认真，是我们的态度

| 大禾投资 |

编者语：相比很多百亿元规模的老牌私募，2016 年成立的大禾投资在很多人眼里可能还是一颗行业新星，但凭借创始人兼基金经理胡鲁滨极致深度投研、敢于集中持股、追求突出超额收益的投资风格，这颗私募新星迅速在业内放射耀眼光芒，赢得了众多投资人士的认可。

胡鲁滨研究生毕业于北京大学中国经济研究中心，毕业后先后就职于招商证券研发中心、易方达基金，积累了 13 年的投研经验，2016 年创立了大禾投资。无论是在公募还是私募，认真都是他做投资的态度。他主要的精力都用于商业模式和个股的研究，在很多人看来，他是把投研做到了极致。投研，是一份充满细节、需要消耗大量时间的工作，这个过程有时是枯燥的，但对于胡鲁滨而言，投资最能满足他求知的本质欲望。这种对求知的渴望，以及他异于常人的毅力和勤奋，支撑他 10 余年来坚持深度研究，发掘有价值、对社会有所贡献的企业。

他投资“求胜”，不同于很多其他“公转私”的基金经理，胡鲁滨相信深度投研和集中持股的价值，不轻易做选择，不懂不投，长期坚守能力圈内的几个行业。在深刻理解商业模式和合理估值的前提下，一旦发现突出的投资机会，胡鲁滨便会重锤出击，争取更高的收益。

行业内有人说他是最贴合价值投资风格的基金经理，有人说他的投资风格和段永平很像，也有人说他管理的大禾投资和早期的伯克希尔－哈撒韦颇有几分相似。但对于专心做投研的胡鲁滨来说，外界的评价并不那么重要，因为他的首要任务就是认真做投资。

认真、勤奋、数十年如一日地专心做投研，不被市场热度干扰，是胡鲁滨的求胜秘诀。

不同的角色，同样的初心——“好的投资是在为社会做贡献”

2004 年我从西安交大本科毕业，之后到北大读了研究生。在北大读书的时候，我希望自己能去做一些比较偏宏观的工作，比如公务员，这样可以到政府部门贡献自己的一点力量，但很遗憾，我没有考上公务员。2007 年研究生毕业后我进入了招商证券的研发中心从事宏观策略研究。工作两年后，我选择加入易方达，希望可以积累更多关于投资的知识，逐步从宏观研究开始，积累行业和公司研究的经验。无论是最初的公务员梦想，或是后面在招商证券、易方达从事研究工作，或是创立大禾，本质上都是通过深入研究为社会做贡献，都是我所感兴趣的。

我喜欢投资主要有三方面原因。第一是求知欲，投资会促使我们不停地研究新的东西。我比较喜欢一个人待着，一个人待着总会想点问题，这些问题能帮我打发很多时间，同时也能满足我的求知欲。第二是我自己潜意识里喜欢“赢”的感觉。比如下象棋，我们一起下了一个下午，而你说“玩玩的嘛，无所谓”，我最讨厌这样的态度。我喜欢认真的态度，即便是游戏。如果你觉得这个事情不重要，那为什么要玩呢？要玩我们就认真，我比较喜欢那种认真对待后胜利的感觉。第三，能够帮助一些人，这让我很开心。因为好的投资对投资者、对社会都有贡献。例如，好的投资一方面帮人们增值了资产；另一方面，对社会资源配置起到了非常好的作用——把资金配置给那些创造社会价值、正直的企业家。我认为这都是为社会做贡献。

投资就是估值和比较

我认为投资就是购买标的公司的生意。很多人认为投资收益是通过股价上涨来实现，但是其实最终还是靠公司的盈利来实现。只有公司真正赚到了钱，它的股价才能真正得到支撑，所以我们在投资的时候，要把这个公司的情况想得很清楚。

这事说起来容易，但做起来很难。市场经济的核心是定价，包括产品的定价和资产的定价，资产的定价是一件非常复杂的事情。

如果我们把投资当作买生意，那么要怎样去考虑呢？对此，我们有一个很长的投资清单。清单里的内容包括公司长期的市场需求、相对于竞争对手的优势等，因为只有好公司才能在行业内长期生存，并且获得比较好的超额收益。我们也会关注这个行业产品的核心竞争力，关注这家公司的治理结构，关注其管理团队的品德和能力，以及他们有没有可能给我们制造额外的惊喜，这个惊喜是指他们有可能做出一些新的具有很高盈利能力的项目。

除此之外，还要考虑很多内容。比如这家公司会不会受到技术冲击的影响，需求会不会长期稳定，它的商业模式是不是会被替代，等等。当我们把这些问题都想清楚之后，会给它一个合理的价格。如果按照这个公司最后算出来的价格，即未来的自由现金流贴现大概是 100 亿元的话，那么我们希望能以70亿元或者更低的价格去购买。这些就是我们做投资的核心。

因此，我们每天的主要工作就是不停地阅读，不停地收集数据、整理资料，不停地思考，预测公司的长期可持续的利润，接着把它估算出来，给出一个很清晰的估值，然后再把这个估值与二级市场的价格进行比较。

注重现金流，找到好公司

我们看公司更重视股东的利润，而且这个利润必须是现金流，不是财务上的、账面上的利润。现实中有大量的公司，它们的利润股东都拿不到，因为都变成了新增的固定资产投资。比如有一只电子器件类牛股，这家公司多年来挣的利润都变成了固定资产，所以公司从成立到现在都是没有自由现金的，全是固定资产。我们不是很喜欢这种公司，因为电子产品公司的技术折旧、设备更新非常快。我们喜欢的公司，是能够挣到钱且是真金白银的现金流，是不太需要追加投资的，如果大股东又愿意跟小股东分享，我们会选择这种公司。这是我们能获利的核心点。除此以外，我们认为所有其他的获利本质上都是投机，而不是实实在在的投资。这是我们整个投资的出发点。

要找到这样的企业，有大量且细致的工作要做。我们为了透彻理解一个公司的商业模式，会做大量的工作，包括对同行业上市的公司、没上市的公司，它们的经销商、加盟商、供应商以及竞争对手，进行360度的研究。当我们把所有工作都做到位的时候，真正好的投资机会就呼之欲出了，不太会有很纠结的情况，这也是我们会重仓某些标的的原因。

对公司的研判，有一个重要的主观因素，就是管理层是否优秀。对此我们的方法是，首先要知道这个行业的重点是什么，也就是要知道这个公司去做什么样的事情才是对的。对于大部分产品类的公司来说，把产品做好就是最关键的事情，而公司的管理层要非常理解公司产品的核心在哪里。对私募基金来说，产品的核心就是研究能力；对很多制造业公司来说，产品的核心就是提升技术水平以及控制成本的能力；对于消费品生产者来说，产品的核心就是提升质量。当我们理解了商业模式之后，就要关注公司的管理层在践行核心商业模式方面做得怎么样。概括来说，我们喜欢的企业具备如下特点：ROE 高，资产负债率低，优势很清晰而且优势在很长时间内别人无法超越；再加上优秀的管理团队，能够理解生意的本质，不停做正确的事情，把优势扩大。

我们会关注很多公司，包括一些没上市的，还有一些在海外上市的。有些公司虽然我不能投，但还要去研究，通过研究适当拓展能力圈。博学和深思是相辅相成的。深思到一定程度，必须博学。站在金字塔的塔尖，你需要巨大的塔基才稳固。

你要是没进过城，就不知道什么叫繁华；夜郎自大，就不知道什么是好；你没见过贝索斯，就不知道什么是真正优秀的零售企业。因此我们会花大量时间研究最优秀的公司。几千家公司一家家看，有时候产品同质化的公司，看一家就能把另外几家都搞明白。投资中挑选公司没有其他捷径。

买入和卖出的逻辑相同

所有的买入逻辑都是卖出的逻辑，所有的好的定义都映射了坏的定义。我买入它，同时就舍弃了其他资产，所以买入的逻辑和卖出逻辑是一样的，取决于你对所持有资产的研究和预期收益率的判断。你认为 A 比 B 的预期收益率高，那么就将 B 卖出买入 A，所以本质上我们每天所做的工作就是估值，不停地估值。通过研究改变对某些公司估值的判断，估值出来以后再跟当下市场价格比，就能算出一个预期收益率。我们每天的研究工作都在改变我们对很多公司的价值判断，另外市场的价格每天也在变，这两个方面会改变预期收益率。

集中持仓是深度研究后的结果，不是追求

集中持股并不是我们的追求，因为集中持股有潜在的风险，一旦发生极端情况，会出现较大亏损。但我们依然选择集中持股，因为在某些特定情况下，集中就是最理性的选择。

第一种情况是，我们发现的投资机会确定性非常高，用炸药包都炸不垮。比如可口可乐，即便给我们很多钱，也很难打败它。可口可乐用非常便宜的价格给大家带来了快乐，所以即使它有一些诸如制造肥胖、不健康等方面的负面新闻，大家依然会继续喝。像可乐、芬达、雪碧等可口可乐公司旗下的产品，都是非常便宜且年轻化的产品，它们有一种文化的象征意义，比如热情、活力、年轻等。这就是确定性非常高的公司。

第二种情况是，假如我们找到 A 和 B 两个机会，A 的预期收益率比 B 高很多，而它们的确定性一样，那么我们会选择 A。

当然，这和我们对确定性的理解高度相关，如果我们选择投资一家公司，那么它一定是确定性很高、预期收益率也不错的。

如何保证集中持有的信心呢？首先是尽力去做研究，如果我们研究分析得出的结论就是集中，那么这就是我们做的最理性的决策。这个结论有

可能是错的，但是在我们能力范围内它是最理性的。

我们的逻辑立足点是常识，它不能过于复杂，否则判断就会很不确定。比如中国所使用的最廉价的能源是煤炭，煤炭在未来三五年内仍是中国主要的能源，这个结论谁也没有办法改变，那么我们可以估算出中国的煤炭需求。我们也可以去估算每家公司的成本，然后判断每家公司的盈利情况，这就容易得出确定和简单的结论。

我们选择集中度是基于理性的考虑。我们也没必要过分担心，因为这其实不是一个信心的问题，而是一个理性的问题。我们经过广泛深入的研究之后，得出一个非常简单和确定的结论——这家公司可以持续地赚许多钱，那么就不会有太多关于信心的问题了。

当然，我们也会看错。针对看错，有两层意思，一个是基本面看错了怎么办，一个是股价跌了怎么办。如果是基本面看错了，那么我们就判断这个错误的影响会不会很大，如果很大，会选择卖掉它。如果只是股价跌了，这个因素不会影响我们的操作。

坚持在能力圈范围投资

我们重点关注的行业有消费品、传统制造业和互联网。

我们判断自己对某个公司或行业思考深度的标准是，看看是不是人家知道的我们都知道，人家不知道的我们也知道。最根本的办法还是站在生意人的角度，思考产品到底是不是一样、是不是最懂消费者。我们从生意本身去理解它，天天思考，直至贴近现实的状况。只有把那些本质的东西都弄懂，我们才可以成为某些行业或公司的潜在股东。当然，还需要它的价格便宜。

消费行业和传统制造业行业格局较好、公司产品需求稳定，产业集中度让优秀公司的竞争优势更突出，而且这些公司估值也不是很高。而互联网公司具有一些独特的用户马太效应，还有比如先发优势明显、赢家通吃以及巨大的规模经济和网络效应等特点。互联网公司和传统公司各自所处的行业不同、特点不同，确实会有很多不一样的分析角度。但是从最根本上说，我们还是要去关注具体公司的成长性和可持续性，以及这些公司的核心竞争力，也就是我们经常说的现金流折现思维方式。

理性分析，合理决策

作为投资人，我会感受到出资人传导的压力，“赚钱就高兴不赚钱就不高兴”。但我们的生活无时无刻不受到情绪波动的困扰，它不应成为我们做正确事情的阻碍。好的投资需要理性地去分析判断很多事情后再做出合理的决策，判断和应对出资人的情绪也是管理公司的分内之事。想好如何应对，就不觉得这是一个很大的问题。

最后，对初入股市的投资者，我有两点想分享：一是投资需要谨慎，投资之前需要思考清楚，尽量不要亏钱，如果购买产品的话要货比三家，不能盲目听从别人的意见；二是投资需要平常心，不要用应急的钱做投资。

始于兴趣，成在专注

| 青侨阳光 – 林伟 |

编者语：人在一生中不必纠结于不同的抉择，只要选定了方向大胆往前走，总会有所收获。生物医药专业出身的他，先后从事药企医药研发、一二级市场行业研究工作，在2020年加入爱人成立的私募基金。一路走来，@青侨阳光 – 林伟一直深耕自己擅长的医药生物领域，正如他的个人简介写的那样："扪心以言，吾行或缓，吾愿或远；然若吾意既定，便也虽远必达。"

我是如何走上投资这条路的

我叫林伟，本科就读于武汉大学生命科学学院，研究生就读于中科院生物物理所分子生物学与生物化学专业。2012 年，我在恒瑞医药做单抗（单克隆抗体）研发；2014 年，我加入某二级市场私募基金从事医药行业研究；之后我于 2019 年加入某一级市场股权投资公司从事与生物医药相关的项目；2020 年 6 月，我全职加入青侨阳光，和家人一起深度聚焦医药行业，把青侨阳光的产品做好。

我的性格有时候有些自由散漫，做事情比较慢。不过每种性格都具有两面性，表面上自由散漫、不拘小节，其实换个角度来说就是思维比较开放，看问题的角度比较多；做事情比较慢，换个角度来说就是比较谨慎，虽然做的选择很少，但在选择某个方向之后非常坚定，不会左右摇摆或者患得患失。

读研究生时期，在家人的鼓励下，我开始了解一些与财富相关的知识，印象中我读过一本书——《巴比伦富翁的理财圣经》，从那时开始我慢慢接触了股票和基金。2008—2009 年，我开始尝试性地做一些投资。2008 年，我的资金量极其少，自己也不太靠谱，玩得不亦乐乎，最终导致亏损。后来我不服气，为什么别人能赚钱，自己却不能，这里面有没有可以总结的知识？2011 年我开始学习与投资相关的知识。可能很多人和我一样，都是从简单地阅读和理解关于巴菲特、格雷厄姆、彼得·林奇的书籍开始，然后慢慢体会、内化、尝试，最后觉得找到了可持续的在市场中存活的正道。

2012—2013 年，我基本建立了以低估逆向为基础的投资体系。因为我的性格比较钝，低估逆向同我性格中的耐心、毅力和坚持等特质比较契合，所以对我来说这套体系非常容易被接受和内化。最初我就是单纯地依靠找低估、拼心态进行投资，算是有点入门。那时候我喜欢看与投资相关的东西，特别是有深度的文章。雪球上有非常多的“干货”文章，在那里很多真正热爱投资的人都很乐意分享。2013 年，雪球逐渐成为我生活中一个很重要的部分，我有时也会在雪球上分享一些我对投资的看法，后来慢慢聚焦医药行业，截至 2014 年我积累了 1.9 万的粉丝量。2015 年因工作原因，我没有在雪球发新的内容，只是看其他人的文章及其想法和思路。现在通过青侨阳光，我回归雪球。我和雪球的缘分还是非常深的，慢慢看着雪球从一个小的“晶核”开始，逐渐长大、延展，变成一个自成体系的投资生态，感慨良多。

我在股市里的第一桶金

接着上面的故事，2012—2013 年，一方面我的投资体系慢慢成形了，另一方面正好碰到已经持续几年的熊市，市场从 2009 年到 2012 年已经下行了 3 年多。当时我认为市场不可能永远下跌，而且我对中国经济还是有信心的，但是那时的市场对中国的经济前景很悲观，短期前景看不清楚。我的背后并没有什么重大的理论支撑，只是对中国经济前景心存乐观。从那时开始，我买了比较多的被低估的金融股。我的第一重仓是中国平安，从复权来看，主要仓位就是 2013 年“挖坑”① 前的那一段时间买入的；我也买过一些分级 B，主要是与金融相关的。2014—2015 年股市修复之后，我选择卖出，虽然获利绝对额不算太多，但也是我们真正意义上的第一桶金。

在那之后我开始转向投资医药股，从最初的找低估、拼心态转向更踏实地拼专业。我开始依靠理解医药行业细分业务的本质赚钱，而不仅是最终赚到所谓价值回归的钱。现在回过头来看，当时转向医药行业对我们来说是一个非常好的时间段，因为中国的医药行业从 2015 年开始推动深度医改，整个医药行业的生态发生了巨大的变化。国家政策在 2015 年之后持续影响着整个医药行业，这个变化过程是有利于新投资人的，尤其是从以前的以中药、辅助用药、首仿药为王的医药环境（那个环境也造就了大量成功的医药投资人），切换到以临床价值为导向、依托创新和效率崛起的新环境。

---

① “挖坑”，指在调整的尾段下跌的过程，一般时间短、跌幅小。

医改对于生物专业出身的我来说是非常有意义的，因为2010年前没有人看创新、看单抗、看靶向药，但是2015年之后的医药行业发生了很大的变化，这个新环境在当时对我这个新人来说是如鱼得水的。而我又对医药行业非常感兴趣，在这期间我花费了大量的精力研究，逐渐在医药行业积累了一个“库”。这个“库”是我在医药行业积淀的真正意义上的第一桶金，虽然这桶金并不是以金钱的方式来展现的，但它的意义和价值远比当时金额上的第一桶金大得多。这个“库”到现在还没有填满封仓，它是一个慢慢正向累积的过程，不可替代。大家很容易复制一套某个标的的长中短逻辑，但很难在短时间真正地复制一个有关科技和政策的“库”。

A股、港股、美股，如何选择？

A股、港股、美股这三个市场都不容易赚钱，觉得赚钱容易的，所看到的是一种假象。我个人认为，金融投资从长期来看需要相对完善的体系和持续的积淀，而不是轻飘飘地搏一下、抓一个牛股、吸引一下眼球、冒个尖儿就好了。

在承认这个市场并不容易赚钱的基础上，横向对比A股、港股和美股，我觉得A股相对容易赚钱。这可能和A股的资金比较充裕、散户投资者比较多有关，在这个市场里存活，有时候具有一些基础常识、基本的耐心就可以获得比较优势。相比之下，港股和美股有时候会更残酷，没有那么多保护。在这两个市场中，专业投资者更多，没有“阻尼效应”，个股基本面碰到问题很多时候是下跌无底的。

我们的投资顺序是先A股，然后港股，最后美股。最开始我们投资A股；2015—2016年A股有点泡沫化了，加上有了港股通，虽然港股的估值显得特别低，但里面有一批还算不错的公司，因此自2015年我们开始投资港股；2019—2020年，随着海外收益互换的开通，我们对创新药的研究越来越多，开始投资美股。我们在港股和美股都交过“学费”。当然港股和美股的凶险性大，它们会跌得特别透，但是在估值最底部的时候如果能看到它技术瓶颈的突破，那么回报也会大很多。因为它跌得透，一旦涨起来，很容易就3倍、5倍、10倍涨上来，这种例子很多。

我认为不是看到哪个市场相对容易赚钱就该待在哪个市场，而是针对不同的市场特性，参与的方式和策略要有所不同。三个市场的节奏不同，可以为我们提供很好的调整结构的机会。

投资中亏损最多的案例

我的敏感性不是很强，喜欢挖深度，但选择了之后会比较坚定，所以就会有一个特点：虽然看的股票不多，但总体的成功率还是很高的，回头看大部分股票最终还是赚钱的。从2012年到现在，我在港股交了“价值陷阱”的“学费”。就像有人常说的“得不到金钱就得到了经验”，这次“交学费”直接促成了我们由低估逆向1.0版本升级为低估逆向2.0版本。简单来说，迭代之后的低估逆向2.0版本，就是寻找那种“憋不住”的逆向低估，更强调质地，强调业务本质上的壁垒属性或业绩节奏上的“憋不住”的属性。当下看上去是低估，但是这种低估在未来3～5年来看一定是憋不住的，这就是我们真正要寻找的低估标的，也是我们后来定义的“大双击”的雏形概念。而低估逆向1.0版本是寻找绝对的价值低估，分散投资，然后通过耐心等待最终等到价值回归。当然也有可能价值没有回归，我们遇到的是价值陷阱，这就是接下来我要分享的案例。

具体的经历大概是这样的：我们从2015年下半年开始转向港股，港股出现了一拨系统性价值回归，在这之后，我们分了一部分估值较高的标的转向投资港股的小股票。后来我们反思和检验后发现，这个思路其实方向是没有问题的，只是在“质地”和“估值”两个层面，天平偏向了估值更低的一边，让我们吃了教训。

在港股的医药小股票里面，我们挑了几只非常便宜的，当时市值只有5亿~6亿元，一年现金流净流入1亿多元，市盈率只有3~4倍且市值已经明显低于净现金流了，用格雷厄姆的标准计算，在各个维度衡量都没有问题。但是后来市场就是不认，直到2~3年之后基本面开始恶化，市场更不认了。我们第一次体会到了什么叫价值陷阱。随后我们修正当时的投资体系，将质地的权重逐渐提高到比估值更为重要的位置，这对我们投资体系的进化来说是非常重要的一步。虽然亏了钱，但我们得到了更有意义的经验，痛点也是进化点，从这个角度来看，“交学费”弄明白了交在哪里，也挺好的。

那些令人难忘的事情

投资的每个阶段都有一些令人难忘的事情。比如第一个阶段，2010—2011年，有一次我们看到自己的历史交割单，感觉自己还不错，但回头发现跑输市场很多，还亏了很多钱，进而我们下决心要学好投资这门学问。

第二个阶段，2014—2015年，那一拨投资也是令人印象很深刻的。当时中国平安被低估了，虽然我们看好保险的前景并相信民营企业的优势，但当中国平安真的开始大幅上涨的时候，我们其实非常心虚，因为我们对这个公司的业务本质、价值、前景了解得都不清晰。投它就是一个非常粗糙的逻辑：保险会起来，民营会起来。我们需要有一个更专业性的理解，投资自己真正能看得懂的、搞得明白的公司，所以后来我们聚焦到了医药行业。

第三个阶段，2016—2017 年，特别是 2017 年前后那一拨收益主要来自医药行业，都是依靠专业的研究判断，我们也非常清晰地知道收益背后的支撑。但是，之后我们也碰到了另一个问题：2018—2019 年，有些股票是基于长逻辑去投资的，但是其间因为市场的风格偏好挖了很深的两个坑，我们对那次投资印象极其深刻。有些公司你觉得值 10 元，但就是跌成 5 元，尽管它最后确实反映了长逻辑，但在专业前瞻的阶段背后也要“辨时用势”。

我们的投资路上有过很多值得忆及的时刻，有些是开心的，有些是孤独的。最孤独的时刻是在偏早期阶段，因为那时候情绪容易被影响，后面慢慢地就宠辱不惊了。每个阶段都有每个阶段的意义，对我来讲都是投资和生活中所经历、见证和收获的部分，我很感恩每一个阶段。

关于投资能力圈的一些看法

投资能力圈，可以一体两面地看。

一方面，我们应该构建自己的能力圈。每一个重仓持有的公司在某种程度上都可以高度确定它 3 年、5 年，甚至 10 年后是什么样子，这种专业性带来的踏实感对我来说还是很有意义的，所以能力圈还是需要的。当然，不同的人会有不同的能力圈。

另一方面，不要被能力圈束缚。之所以我们可以在投资领域不断地进化就在于不断地往圈外探索。以青侨阳光为例，我们说新、特、强，首先攻克的是特和强，对这种壁垒业务有了比较好的理解之后，我会更多地考虑新，即对创新和技术周期的把握。当我们对长逻辑把握得比较好的时候，还是会试图把我们的能力圈往中逻辑去拓展，去理解这里面的时与势。概括来说：一是在专业性上，从对特与强的把握拓展到对新技术周期的把握；二是从长逻辑的追求三年翻倍，到希望能够更好地理解市场的时与势、更好地把握中逻辑。这些都是在逐渐拓展我们的圈子。

综上所述，能力圈对应的是坚守与进化的关系。首先要有一个圈，能力圈保证立足；其次不断地去打破这个圈，因为市场是在变化的，医药行业尤其是这样。所以这是一个坚守与进化的过程，当然在这个过程中会吃到一些苦头，犯一些可逆的错误，但最终来看，我觉得坚守和进化都是有意义的。

我们现在和初入市的时候相比变化还是比较大的。之前我们害怕错过机会、害怕踩坑，患得患失；而现在比较坦然，一方面对公司的分析更具有专业性，另一方面我们在见过一些周期的起落后，也变得更加淡定和从容。

投资与家人

最初其实是家人督促我多去想想与投资相关的事情，我比较随遇而安，无论是做科研还是做投研我都挺开心。之后当我慢慢想明白了要走什么样的路时，这条路就越来越清晰。

虽然刚开始我并没有找到与投资相关的工作，但是家人让我慢慢来，支持我去学习和尝试。那时候我工作之外的大量时间和精力都是在学习、研究，如果没有家人的支持，很多事情我是不敢放手去做的。在投资的路上，我和家人之间的相处更像是一个互相滋养、信任和成长的过程，即便外界环境遇冷，短期遭受一些困境，但至少心里还是暖和的。

在投资方面，我远没到可以给予新人建议的阶段，自己目前还处在持续进化、常思常新的状态，从某些角度来说，也算是新人。市场一直在变，尤其是医药行业，大家都在这个大环境不断地学习和进化。

一旦辨别到时代的英雄，我能做的就是 all in

| 陈营长极品投资 |

编者语： 列夫·托尔斯泰说过：决心就是力量，信心就是成功。

从 20 年前在北大攻读 MBA 时成立创投社团开始，陈宇就与投资结下了不解之缘。毕业后陈宇在就职于实业的七年时间里，不仅助力公司股票市值翻 15 倍以上，还通过日复一日地阅读书籍、研究公司及孤注一掷的勇气，获得了人生第一桶金。他抓住机遇从此走上了专业的私募投资之路。尽管已有多年的实体企业管理经验和私募投资经历，但他仍孜孜不倦；虽有过错失和醒悟，但他的内心从不缺乏坚定和自信。

从实业高管到私募基金经理，从 5 年 8 座“金牛奖”奖杯到继续打磨探索，他已准备好继续辉煌了。

“曲线救国”，极品投资理念初形成

我是“陈营长”陈宇，“70 后”，出生在北京的一个军队家属大院，父母都是军人。我从小就喜欢看战争类书籍和金庸小说，再大一点喜欢看名人传记，梦想长大后成为一名军人、一个英雄。可能很多男孩小时候都有个英雄梦，我就属于这一类。

我从小学开始当班长，初中、高中一直都是，大学当过学生会副主席、秘书长等。我对管理也很感兴趣，虽然本科学的是工科，但还是报考了北大 MBA，并以逻辑管理科目考试单科第一名的成绩考入北大 MBA。出于对管理的强烈兴趣，我一直想做一个成功的企业家。但在北大，我的人生被改变了。

1998 年我考入北大，正值互联网的爆发期，那时搜狐刚融资成功，新浪也是，第一拨互联网泡沫来势汹汹。那时候最火的两个行业：一个是互联网，另一个就是投互联网的风投。

在北大光华求学时，我对风险投资产生了浓厚的兴趣，而光华管理学院的厉以宁老师（著名经济学家）对风险投资也十分支持，所以在校时我主导成立了后来发展成为北大十大社团之一的“创业投资研究会”，并担任首任会长；后来，光华成立了创业投资研究中心，我是中心助理；随后北大招商创业投资基金公司成立了，后来它发展成为中科招商，我是创始员工兼董事长助理。

从北大毕业时，我以为我会成为一个风险投资人，但是阴差阳错，当时北大从中科招商退出来了，我作为参与方也只能离开。后来机缘巧合，我去招商地产担任董事会秘书，负责资本运作方面的工作。现在想想这也算“曲线救国”，我可以从侧面深入资本市场。

招商地产是一家很优秀的公司，对我的影响也很大。我进入招商地产是在 2001 年，那时候房地产刚好从底部往上走，之后掀起了持续 20 年的热潮。我求学时正值互联网热，毕业后又赶上了房地产热。北大和招商地产，创投互联网和房地产，它们都对我日后的极品投资理念产生了影响，让我明白了：每个时代都有超级繁荣的赛道，在这些赛道上的龙头公司工作，会使你收获远超社会平均水平的回报。

连续荣获三届金牌董秘，投资兴趣萌生

我在工作中有自己的方法论，核心其实与极品投资是暗合的。当我进入陌生的行业，首先会深入地向这个行业里领先的人和企业学习，看他们是怎么做的，然后回到现实环境中有选择地进行突破；类似于计算机专业的先学习做系统，然后从中进行突破，从而形成自己的核心算法。

在招商地产工作时，中国的股市还处于起步阶段，2005 年的股改使得市场出现了重大的改革契机。我抓住这个契机，在市场上最早建立投资者关系体系，连续拿下三届金牌董秘的荣誉。

起初我踏入董事会秘书行业时，因为当时还没有股改，所以上市公司的投资者关系并不像现在这样顺畅和紧密，但通过学习我强烈地感受到，全球范围的投资者关系和市值管理都需要一个非常专业的体系，当时国内还没有人构建，那么我就来尝试构建这个体系。当时在学习了国外先进的投资者关系系统的案例、投资理念以及投资者关系理念后，我们做了几件事：第一，建立了包括整个主流卖方机构和买方机构的投资者关系系统和数据库，同时建立定时的沟通系统。第二，对基金经理和研究员定时进行反向路演和信息推送。此外，我们建立了与券商的合作关系，并且是全市场第一家在券商年度策略报告会上做路演的上市公司。第三，早于万科，成为全市场第一家举办投资者关系年会的企业，每年的年会是一个重要的反馈和传递信息的场合。

所以在那时我也对投资产生了浓厚的兴趣。我入职的时候招商地产的市值有 60 亿元，到我离任时，其市值已经有 1000 多亿元了；股价从 6 元涨到 102 元，六七成的流通股都被机构持有。这是一个坚持不懈的系统化

运作的结果，我也先后获得三届金牌董秘。

我的第一桶金

我在招商地产7年的董秘生涯中，抓住股改契机做的第二件事，就是借助2005年到2007年人生当中经历的第一个牛市，挖到了我的第一桶金。

因为工作需要，那时我定期要去深交所汇报工作。深交所当时的所在地是在深圳图书城的楼上，每次我汇报完工作下来，都会从图书城买几十本书带回家看，这些书基本是与投资相关的。那时阅读速度快，我很快就把深圳图书城里所有能买到的与投资相关的书都看了一遍。从《巴菲特致股东的信》到《与庄共舞》《猎庄》《猎狐》，从民间草根的著述到专业性的技术分析，我都看了个遍，我对投资的认知也在懵懂中积沙成塔。

2005年，我人生中的第一桶金来了。当时中国股市面临股改，我预测股市要大涨，不仅是因为我对投资已经有了一些皮毛的理解；更重要的是，身为董秘，我时常在第一线和投资人接触，内心对上市公司未来的发展很笃定。所以当我看到企业的盈利有望实现高速增长，股价却持续低迷，而这时候又迎来了股改，我判断市场没有道理不勃发。当时我撰写了一份报告——《牛市王者归来》，在2005年底招商证券策略报告会上，作为当时唯一一家参加券商年会的上市公司的代表，我给基金经理做了报告。

在做完这个报告之后，我筹集了我所能筹到的每一分钱，全部投入股市。当时我的运气比较好，在2005年4月股改之后，股市确实进入了暴涨模式，而我“all in”① 的时点刚好是大牛市的起点，因此获利颇丰。

我最精彩的一战就是全仓买入了五粮液认购权证。当时那拨牛市刚起来，我认为房地产公司被严重低估了，所以“all in”了亿城股份，后来它在几个月的时间几乎翻倍了。之后我发现五粮液的股改方案不同寻常，它学习了万科的权证方案，同时送给投资人认购和认沽两种权证，而且权证的持有期长达 2 年，这使权证本身就具有获得超高未来收益的可能。通过对五粮液财务报表的研究，我发现它当时是中国白酒的龙头，虽然上涨的速度和态势正在被茅台赶超，但是它的地位仍然是稳固的，而且在即将到来的经济发展大浪潮中，白酒行业肯定是能受益的。此外，我还判断他们在利润上做了一些保守的处理，所以认购权证可能是一个被高度低估的特别好的投资品种，于是我开始筹集资金，做好准备等它上市。

那天终于来了。开盘后权证一路下跌，我在最底部的时候“all in”五粮液认购权证。我认为这是一个千载难逢的机会，后来它用了大概一个月的时间就涨了 10 倍。这也进一步奠定了我形成极品投资理念的第二个关键点：当你抓住一个超级繁荣赛道上最重要的风口时，只有集中全力的一击才能获取非凡的成就。

整个牛市下来，算上使用的杠杆，我的获利有数百倍以上，从而积累了第一桶金。

---

① all in：最常见的意思源自扑克牌游戏，表示游戏玩家押上全部筹码；投资中可理解为“全力押注”“放手一搏”。

机遇来了，我必须抓住它

2007年，楼市到达一个阶段性的顶部，我觉得时机成熟了，该去实现我的投资梦想了。我的梦想并不是当董秘，而是要做一个成功的投资人。

因为我在招商地产从事投资者关系的工作，刚好当时招商地产的流通股股东之一——重阳投资的裘国根先生向我伸出了橄榄枝，邀请我去重阳投资担任董事副总经理，负责投研工作，自此我开启了私募生涯。后来因为要回家陪父母，我离开重阳投资，回到北京，成立了神农投资，成为更加专注的私募基金经理。

我的核心投资体系

我的偶像是粟裕，我最喜欢读的书就是《粟裕战争回忆录》，他的战术战争理念，我觉得和投资非常契合。首先，他的胜率最高，战功卓著，是我心目中全中国最能打仗的一个人。其次，他是“运动战”大师。他会选择最合适的时机集中兵力向最适合的敌人发起歼灭性的攻击。我看过很多次《粟裕战争回忆录》，发现他每次打仗不是同一时间攻打10个城市，而是一次围绕1个重心作战；而且每次要么不打，要么就彻底端掉。

我的投资理念其实源于我军的军事思想和粟裕的战术理念。我军的军事思想概括起来其实就是毛泽东军事思想，“集中优势兵力，各个歼灭敌人”。我军一向是集中一切优势兵力歼灭敌人，伤其十指不如断其一指；做极品投资也是这样，重点锚定极品的机会，然后用全部精力去研究，用重点的仓位去集中投资，这样才能获取最大的收益。

股市最大的挑战，不是它有多难，而是它的诱惑特别多，这好比要从数千个盒子里找到那些可能有财宝的盒子，如果把每个盒子上的密码锁打开，那么可能需要花费几年的时间。一开始聪明的人总想把所有盒子都打开，把盒子里的财宝都拿走，但事实上是不可能的。人的生命是有限的，真正的好机会和属于你的机会也是有限的，所以只能在有限的生命中集中精力去解锁那些能够打开的盒子，然后拿走财宝就可以了。

实际上我投资获利最高的时期不是在做基金经理的时候，而是在做董秘的时候。因为做董秘时，我肯定没时间去解锁每一个盒子，我是被迫也是直觉性地选择了所能关注的一两个赛道——房地产和白酒。相反，当成为一名基金经理带着 20 个研究员时，好像可以同一时间去研究透彻 20 个赛道、200 家公司，看起来好像能力边界被拓宽了，实际上收益水平反而会下降。这是因为它根本不符合常识，真正盈利的好机会就那么几个，我们只需要把这几个好机会拿到手里全力以赴就够了。

这就是我们团队极品投资理念的形成过程，从刚开始的“直觉而为”“以职业而为”，到第二个阶段的“怀疑和探索”：这是不是最佳的方法？还有没有更好的方法？再到第三个阶段的“最终发现”：只有极品投资是团队获取最高胜算的核心方法。那么，接下来就是把核心投资体系重复再重复就行了。

为了形成这个高胜率的核心投资体系，我在专职做投资的过程中花费了 10 余年时间；如果再加上做董秘的时间，我至少花费了 20 年时间来形成这一投资体系。过去 12 年我们经历了 4 次 20% 左右的系统性下跌，分别是 2011 年、2015 年、2016 年、2018 年，当然也迎来了随之而来的修复，最终我们解决了一个问题，即如何取得好的投资成绩。

如何辨识一个较长时间的最重要的机会，并且全力以赴把精力和金钱用在这个机会的兑现上，这既是极品投资的核心，也是我从当董秘赚到第一桶金，到后来在整个投资过程中陆续为投资人实现盈利的核心。

我的极品投资理念：追随时代王者

极品投资理念其实就是6个字：追随时代王者。人普遍是短视的，而拥有长期商业洞察力的人是罕见的。今天大家看到茅台是好的，但是就算站在今天，也并不是所有人都认为未来10年投资茅台还会获得高收益；而回到10年前，认为投资茅台能获得高收益的人则更少。投资人在遇到困难或者受一些事件影响的时候，主要关心短期影响，忽视长期影响。成功投资的关键在于把握时代王者，我认为这需要三种能力：

第一，要对时代有洞察力。极品投资人的第一个能力是能够展望和洞察未来10年的时代趋势。

第二，对人和团队的认知能力。人和人是不一样的，不同人对于投资配比权重的认知也是不一样的。我们首先要洞察长期的时代趋势，找到风口、找到趋势，然后找到谁是王者。我是学管理学的，也在上市公司工作过，现在自己管理一家公司，我深知人的重要性。我认为在一个超级繁荣的赛道上、一个时代的大风口上，人和人之间的差异会导致企业和企业之间的盈利结果千差万别，差距可能高达百倍。因此，在投资中，我们会重点考虑人的因素。

第三，知行合一的能力。哪怕有人知道这个时代的王者是谁，不下“狠手”也没用。我们用“追随”两个字来表达集中用兵的思想，“追”和“随”就是把自己放在一个小我和无我的境地。一旦辨别到这个时代的风口和英雄，“all in”它（他）就行了。真正找到能力万倍于你的人时，你所做的事情只能是追随。这是我们与众不同的特点之一，已经接近无我了。

曾经有一个投资茅台的机会摆在我面前，我没有珍惜

从心理学的角度来讲，亏损带来的痛苦感会两倍于获利带来的幸福感；但如果是一个本该抓住的极品投资机会而没有把握，那么痛苦感要两倍于亏损同样的金额。

因为我之前不喝酒，所以一直以来我的基本判断是：白酒的销售总量会随着人口老龄化而下降。其实我的整体判断是对的，2015 年之后白酒的销量从 1300 万吨下滑到 700 万吨，将来可能要继续下滑到 300 万吨，最后可能只有 200 万吨。

虽然我判断对了，但是我做错了。因为茅台是极品，它做的酱香酒不受老龄化影响，这是一件让人匪夷所思的事情，也是我喝茅台前根本体会不到的。现在我知道了，虽然不算太晚，但是已经错过了一次很好的机会。这种痛苦感对我来讲是非常剧烈的，所以我不允许这种痛苦反复发生。

我的信条就是，今后不再放过极品投资的机会。

曾获 8 座“金牛奖”奖杯，是时候重返舞台了

2014—2018 年，我们曾连续 5 年获得 8 座“金牛奖”奖杯。但丁曾经说过，通向荣誉的路上并不铺满鲜花。很多人觉得我们这两年有所沉寂，

其实我们是在“磨剑”。我们对原有的投研体系进行了升级，这也是一个整合的过程。2019 年中之后，我们可以说是凤凰涅槃，并且确定了极品投资的理念，完成了核心投资系统的再造和升华。

十年磨一剑，现在我们的“剑”磨好了，准备回归“金牛”队列了。

在美股风暴之中，坚守互联网投资

| 梁剑 |

编者语： 美股，一直以它独特的市场魅力影响一批小众投资者，他们以区别 A 股、港股的姿态在国际市场“狩猎”。

不投资美股的朋友，无法体会 2020 年美股有多么凶险，这是一个注定载入华尔街历史的大年。

受新冠肺炎疫情影响，2020 年标普 500 指数、纳斯达克指数纷纷回撤超 30%，VIX（恐慌指数）创下仅次于 2008 年经济危机时的历史第二高值 53.54。以价值投资著称的伯克希尔－哈撒韦、以全天候低风险著称的桥水基金也大幅回撤 20%，无数美元基金爆仓清盘。

而这一年，雪球上有一只与众不同的基金，与其他美元基金年初经历的暴涨暴跌不同，iMeigu 基金净值仅在 2 月小幅回撤，其余月份均取得正增长。

随着疫情的影响逐渐常态化，市场也归于平静。他管理的大道全球精选基金、iMeigu 基金也开始平稳增长，不断创下历史新高。幕后的这位基金经理，则有着更出彩的人生经历。

接触互联网和投资后，他所有的注意力都被吸引上去。于是，因为热爱互联网，他放弃了稳定的工作，投身互联网，网易期权让他攫取了第一桶金；因为热爱投资，他和方三文、李楠等人一同创办了雪球；因为热爱互联网，热爱投资，他一步步完成了经历和财富的积累。他用亲身经历告诉我们，只要做对的事情、做喜欢的事情，复利就一定会累积。

他是一位价值投资者、一位互联网投资者、一个幸福的父亲，也是雪球联合创始人梁剑。

他经历过互联网发展期和泡沫期，也通过互联网完成了财富积累；他经历过美股和A股的萧条期和狂热期，也通过资本市场实现了财富增值。他在雪球上也是如此，虽然不是很活跃，但每次分享都让人获益匪浅。如果用一句话来形容他，那么《冰与火之歌》里瓦里斯的名言与他最搭：

The storms come and go, the waves crash overhead, the big fish eat the little fish, and I keep on paddling.

互联网几次转业淬炼了我看互联网企业的眼光

大学时期我就非常喜欢互联网，虽然自己读的是文科，但是经常泡在学校的机房里（那个年代个人电脑是个奢侈品），主要是混迹各大BBS（网络论坛），自学一些网页制作和图片处理技术。我的第一份工作是在一家市政工程公司，虽然待遇不错，但基本隔绝了我的互联网生活。这份工作只是为了谋生，我总觉得自己不能一辈子待在和泥水打交道的地方，所以遇到一家互联网公司愿意录用我，我完全不管它是阿猫还是阿狗，也不在乎工资待遇，马上就跳槽过去了。那个时候互联网相关的就业机会很少，而且多数是程序员之类的。之后，我又短暂地在中国电信一家下属企业待过，最后到网易，停留了近10年。

去网易之前，我对网易并没有什么特别的好感。我从传统行业进入互联网行业后，觉得小公司经常要为生存挣扎，因此要往大公司走，才有更多的机会。当时深圳没有什么大的互联网公司，马化腾还在焦头烂额地张罗卖掉QQ，而位于广州的网易已经是当时中国南方最大的互联网公司。所以在深圳的小公司待了几个月，我就去了广州。因为我需要留在离老家不太远的地方照顾父母，所以网易也就是我的“顶”了。当时做选择并没有考虑那么长远，因为没有太多选择。如果当时三大门户中，网易和搜狐的地理位置对调，我去的可能就是搜狐了。

在网易的工作和生活都比较稳定，收入也还不错，而且还有和一帮关系很好的同事共图大业的感觉，所以好多次别人拉我去创业，我都拒绝了。这真的是“错过了好几个亿”。

后来因为工作关系，2009年我被调往北京。北京的互联网氛围与广州差别非常大。你经常耳濡目染：那个谁谁创业去了。甚至在五道口、中关村的咖啡厅里坐一会，就能听到几单创业项目。每个人都像打了鸡血一样，梦想着自己将来是一个互联网巨头。

在这个环境中，心情的确很难平静，所以我和方三文一拍即合，离职创业。创业项目自然是从自己最熟悉的互联网资讯和社区领域开始。相对于同龄人以及创业的前同事，我创业算是比较晚的了。因为我以前在很多岗位待过，虽然未必都精通，但这些经历在创业过程中帮了很大的忙。开始的时候，我搞产品设计，也管技术开发，还采写文章、分析报表、撰写研报，以及翻译英文稿件。我感觉自己所有的技能都同时用上了，那感觉挺充实而且美好。周末就约几个同事去爬北京附近的山，外地“球友”过来看我们，通常也是喊去爬山。虽然错过了一些机会，但是我的运气也不太差，创业过程中，没有太艰苦的日子，不像别人描述的那样，猫在昏暗的地下室，啃方便面，起早摸黑地干活。

这么多年的互联网经历，我感受最深的是，互联网其实也是满足人类各种需求的方式之一，只是它的效率通常更高。所以互联网的本质还是用户。以前人们喜欢说互联网上的东西是虚拟的，我认为它一点也不虚，反而是非常真实的，其背后都是实在的人，以及人的真实想法和需求。只是在前互联网时代，他们要么被忽略、无视，要么没有人看到、听见。

所以，互联网企业，重点是看它满足了什么需求，解决了什么问题；然后看这些需求是否具有普遍性和长期性，企业解决问题的方式是否最优。满足了这些条件，即便企业暂时是亏损的，也终会成长为一台“印钞机”。

我从事互联网行业，主要是因为热爱。早期自己还是个热血青年，主要是凭兴趣做事，觉得世间太多不平、愚昧的人太多，所以总异想天开地希望在历史的进程中贡献一些自己的力量，但现实是残酷的。不过，无论如何，自己做出的一些产品，被很多网友在使用、传播、评价，都是非常鼓舞人心的事情。这也是我比较喜欢做以用户交流为核心的社区性质的产品的原因。投资中，我也偏好社交类的公司。我几乎不投 To B（面向企业）的企业，因为很难通过自己体验公司产品和服务、观察用户的反馈来判断公司。

把热爱的事做到极致，你会收获的不只是财富

在投资方面，我是先接触美股、后接触 A 股的，这和大多数人不一样。因为前东家发了期权，行权后就变成了股票，加上自己所在的互联网行业，以前多数中国公司都在美股上市，所以我的投资就从美股开始了。

我的第一桶金不是靠炒股赚来的，而是期权。因为入职早，期权拿得不少，而且网易股价又持续高涨，所以获益不少。这些收入，除了一部分用于改善生活外，其他的我都投在美股里，主要买卖中概股。2008 年刚开始的时候，我基本是瞎买，和大家平时遇到的“小白”或者说“韭菜”差不多。

为了陪伴家人，2013 年下半年我退出了雪球的日常管理工作，成立了一个美元基金 iMeigu。这样既解决了工作问题，又解决了地理距离的限制问题。

开始非常顺利，基金三个月回报就近 30%。有时候可能只是市场或者一个偶然的不可重复的因素帮你赚了钱，会让你误以为是自己能力使然。在 2016 年中概股私有化的浪潮中，身边似乎到处都是垂手可捡的金子，我在一级和二级市场，几乎“all in”了与私有化相关的公司。最后结局悲惨，政策突然变了，私有化纷纷取消，股价暴跌，我的基金过去的业绩消耗殆尽。

那段日子我非常痛苦，因为投资人对你的信任，一辈子可能就只有一次。虽然我自己对中概股投资仍然满怀希望，但是基金几乎从头开始，辜负了投资人长期的信任，甚至有的朋友因此断绝来往，这些永远也无法弥补。

关于那次挫折，我有过不少反思和总结，对后来管理基金仍然有借鉴意义的是：需要清楚成功是自己能力的结果，还是其他不可复制的因素引致的？太美好的事情，多半有问题；要做好风险管理。

此后，我花了 10 个月时间，基金净值才从谷底回到新高，但是那次挫折对长期复合回报率的影响需要很多年才能抹平。有朋友曾经建议我，关闭之前的产品，重新设一个，那样最近两三年的回报率就会非常可观。但是我觉得曾经犯下的错，应该把它铭记在净值曲线上。它就像一道伤疤，每当自己被一些看起来很美好的机会吸引时，就去看一下这道伤疤，让自己冷静下来。也是因为吸取以前的教训，2020 年新冠肺炎疫情引发的全球“股灾”期间，我的美元产品和人民币产品表现都很好。

10 多年前，我刚开设自己的美股账户的时候，买卖是非常随意的，正如前文所言，属于瞎买。直到我偶然看到段永平在网易开设的博客，才豁然开朗。简单说就是，你买的不是交易软件里的一个代码，而是背后的一个企业，虽然你的份额很小。企业的背后都是活生生的管理层、员工、客户，他们每天参与社会生产和循环。企业可能会变得更好，也可能变得更差。所以买卖之前，需要对企业进行估价，也就是估算其未来能做多大、能赚多少钱。

道理虽然非常简单，但是这估算，不是闭眼睛就能信手拈来，需要对企业的历史、管理层人品性格、公司文化、行业前景、产品竞争力等各方面有所了解，才能有个大致的判断。此外，你的决策可能还会受市场情绪的影响，导致反复。人总有盲点和弱点，我的投资理念和投资体系也是在实践和教训中逐步完善。

仓位方面，我并不喜欢持有大量现金。当市场里很难找到满足自己标准的公司，或者等待目标公司满足自己的买入条件时，我才会持有大比例的现金。毕竟，现金是影响回报率的。

2020 年上半年，我的美股基金只在 2 月回撤了 4 个多点，其他月份（即便 3 月）都是上涨的。人民币基金因为是按周统计，所以有的周净值是下跌的，但是整体表现相对大盘都很不错。我自己归结为下面的几点原因：

第一，新冠肺炎疫情开始后，我曾经制定了一系列策略（曾在雪球公开发表过）：放弃抄底的想法，无法预估底在哪里，底也可能是好几个月甚至更长；避开现金流受疫情影响严重、有破产风险的行业；生活必需品和医疗行业可能不错，但是没在我的能力范围；互联网的在线游戏、视频、直播和电商是重点方向，逐步买入，承受一定波动。从结果来看，这些策略的确让基金避免了净值的大幅回撤，达到了预期效果。

第二，整体上，互联网行业受疫情的影响相对较小，而且复苏也较快。

第三，2019 年下半年开始，由于我很难找到新的值得重仓的标的，所以一直保持较大比例的现金。虽然市场暴跌过程中，未能精确抄底（这也是不可能完成的任务），但暴跌后买入，对净值加速增长贡献巨大。坦白讲，这种认为市场整体高估而保留现金的判断，未必每次都准确。在市场上涨过程中，现金是影响投资回报率的。我只是朴素地出于对市场疯狂的恐惧，或者等待一些可能的机会（比如标的物回到合适的价格），而调节现金的比例。

第四，A 股、港股、美股的跨市场配置，有利于买到更优质的资产。由于历史原因，中国的互联网公司大多在美股上市，但这两年港股和 A 股上市的互联网公司也在日益增加。大道全球精选同时配置三地市场的互联网企业，可选范围很大，避免了无源之水的困境。同时，由于三地资本并不完全自由流动，投资主体也大相径庭，可能出现一些错配的机会。

第五，在一片悲观情绪之中，要冷静分析、敢于买入，而不是暴跌了就在慌乱之中匆忙割肉或者止盈。市场暴跌给我们提供了极好的买入机会。从历史来看，人类所遭遇的各种灾难总会过去的，这次疫情以及因疫情引发的“股灾”也是如此。只是我们要努力让自己和自己持有的公司都活到灾难之后。每次灾难之后回看过去，你会发现，即便在灾难发生之前市场最高点买入的一些优质公司，只要长期持有，回报也非常惊人。比如2008年“股灾”之前买入腾讯，即便曾经浮亏超过50%，但是现在看来，是否买在那个时候的底部，完全可以忽略，唯一重要的是，是否买了并且一直持有。

基于此，我并不认可抄底这种观点。一个相对模糊的底是存在的，每次“股灾”其实就是底，但如果寄希望于买在一个最低点，丝毫也不回撤，那是不可能的。既然从统计数据来看，股市多数人是亏钱的，那么有个朴素的逻辑——和多数人反着干，赚钱的概率就非常大。所以说，在市场极度低落时，喊出抄底，本身挺好的，只是如何确定那个时候是不是“市场极度低落”，以及是否能承受市场更加极度的低落，这还需要很多智慧和胆识。

投资就是一段孤独的旅程

在可预见的将来，美股依然会是全球最大、最活跃的二级市场。美股汇聚全球优秀的企业，以及一大批中国互联网公司。未来，在香港上市的中国互联网公司也将越来越多，甚至A股，都将有国内顶级的互联网企业进行IPO。以后跨市场配置的基金以及跨市场的个人投资者会更为常见。但随着国内市场规则和监管越来越成熟，以后无论哪个市场，赚钱和亏钱的道理基本会相同。一个在A股亏钱的人，去港股和美股，也是大概率会亏钱的。

投资就是一段孤独的旅程，无论在哪个市场。

投资虽孤独，但投资和家庭本身没有太多冲突。对我来说，投资就是个非常好的职业，可以摆脱时间和地理位置的限制。而且投资没有年龄的束缚，哪怕以后到行将就木之年，只要脑子还是清醒的，就不影响你做投资决策。所以，做投资其实是让你多了很多陪伴家人的时间。而这些的前提都是：投资的收益还不错。

凭信仰炒股的人成功了吗?

| 深圳零存整取 |

编者语: 医药行业既具有可持续性，又是一个门槛非常高的赛道。本文的主人公是“球友”@深圳零存整取，让我们屏声静气地读下去，这里讲述的不只是普通人如何成为私募公司董事长的故事，更是一步一个脚印把投资“走出来”的故事。

因为父亲，我与股市相遇相知

我以前常和别人说自己是第一代股民，1992 年就开始炒股了；但其实我父亲比我更早，1990 年就开始了。父亲是基建方面的专家，那时候被调到深圳建行建经处，负责银行对基建领域的审核把关，是银行里彻底的非金融人员。因为父亲身边的银行职员几乎都在炒股，所以把他也带动了，也启蒙了刚刚上高中的我。

当时的深圳股市，连交易所都没有，更没有电脑系统，还处在背书交易的时代。当时交易的地点就在园岭新村的大马路边，那正是我中学的所在地，我每天上学放学都目睹着熙熙攘攘的人群。那时父亲跟着同事买了几万元的深振业，也是背书转让的，我依稀记得是 216 股；但最后反复送股，股本扩大了十几倍，股价更是被炒到了天上去，后来变成了40多万元。父亲兴奋不已，还惦记着涨到200万元。一次翻10多倍的神话，在我的炒股生涯中没有发生过，但当时类似的故事在深圳很普遍，很多深圳家庭都只是留下买菜钱，其他的钱都拿去炒股。

1991年才读高二的我，对股票也表现出异常的兴趣，天天跟着大人们研究股票，还品头论足。后来父亲干脆拿出来3万元，让我也试试。这是个很大胆的决定，在那个时代一般人家不敢这样，且不说风险，在当时炒股是不是一件正当的事情还很难说。可就是这3万元，开启了我的投资生涯。

回溯我的投资历程已经有接近30年，我已经分不清什么是第一桶金，但是实现财务自由是发生在2005年的牛市。那时候价值投资已经有了用武之地，到2007年我已经获得几倍的收益，同时开启了我的私募基金投资生涯。

草根的破茧而出

可能很多人认为，私募基金管理者都有着很厉害的出身，要么是公募"明星"，要么是券商高管，反正转为私募基金经理以后振臂一呼，就是上百亿元的规模，天上就会掉下数不完的钞票。那样的人真不少，但不是我们这种草根。

我的私募虽然是2007年注册的，但直到2013年下半年才开始发第一只基金产品，准备阳光化运行。尽管那时我已经有了很好的过往业绩，很多客户都因我过去几年帮助过他们而获利颇丰，但是我一提到发基金产品，就没有几个人愿意支持我。而在那个时代发阳光私募，大多数人搞不明白那是什么，何况还要借道信托。我去找平安信托，他们要求我先交30万元保证金，如果认购不满3000万元，保证金就不退了。那时候的我虽然有能力支付30万元，但是没有以个人能力发行3000万元的本事。好在后来认识了云南信托的销售“一姐”，她是一位非常细腻和敬业的女性，当年在素未谋面的情况下手把手告诉了我每个申办私募的程序，既不要求我交30万元保证金，也没有硬性要求认购3000万元，只是让我尽力去凑，认购2000万元就行。

困难真的是多得要命，仅验资及注册程序等，我就折腾了差不多半年。但每个人都有梦想，梦想有的时候是天下最正能量的荷尔蒙。于是，在没有任何渠道帮助的背景下，我开始募集资金。那时候的我就是一个“光杆司令”，每天都去见几批客户，把投资的想法说上一百遍。我常说那个阶段的我是“创业的马云”附体了，现在想想简直太累了，但是当时的我就好像不知道累。虽然我用尽了办法，但还是没有完成募集，一个多月才向老朋友们募集了一千多万元。这时天上掉下来一个“林妹妹”，西北来了一个矿老板，他炒股亏了不少钱，听别人一介绍，他竟然比我还着急，跑来了深圳。在亲身考察7天之后，他终于认购了500万元基金。基金达到2000万元，让我长舒一口气。

基金刚要成立时，又冒出了一个发小、高中同学，他原本在海通证券干了20年，但遭遇了人生变故，妻子因突发脑肿瘤去世，彻底改变了他的人生观。他想去创业，想跟着我一起干，还要用亡妻留下来的钱认购100万元基金。本来就是好朋友，他的真诚感动了我，我说：“来吧，我缺个副总。”他就是一直陪我到现在的夏副总。加上已经入职的财务人员，三个人的私募踏上征程。

医药投资从失败开始

医药投资是非常复杂和专业的，一般人非常容易碰壁，我们的医药之旅也是从失败开始的。

2008 年金融海啸以后，虽然我成立了私募公司，但那还不是一个阳光化的私募，只是一个民间投资人，而且一直在生存的边缘奋斗着。我们一直在寻找可以规避宏观周期、独立增长的行业与公司。

2009 年创业板开锣以后，我希望能在创业板里找到好的具有医疗属性的项目。这个时候我盯上了沃森生物，因为它的招股说明书里罗列了一大堆创新型疫苗，特别是 9 价肺炎结合疫苗。要知道，当时世界上卖得最好的疫苗就是惠氏 7 价肺炎结合疫苗，每年全球的销售额能达到惊人的 50 亿美元！而沃森生物研发的是 9 价，比惠氏的还增加了对两种病毒的防护，而且已经向药监局递交了临床申请，似乎一个超级新星即将脱颖而出！因此它的上市，一口气超募了 21 亿元，这在当时是极为轰动的。

于是我在沃森生物上市的第一天，就以 140 元（前复权价）的价格不断重仓买入。然而我没有得到回报，沃森生物没有往上走，而是直接不断走低，两个月后我已经被套住了 20%。为了坚定信心，我两次去云南玉溪见董事长李云春、开股东会和调研。每次回来，我都好像被洗脑了，觉得沃森生物非常优秀，同期似乎也有很多知名投资人是这个看法。当时我还写了一个帖子《药中茅台，沃森生物》，在那个年代，民间投资人没有多少可以交换第一手资讯的地方，我的这篇帖子很快大火，点击量达到上百万次。

但是没过多久，沃森生物开始变脸，多个创新型疫苗终止立项。这让市场忽然觉得，之前的种种很可能是上市前的包装，而沃森生物根本没有那个“金刚钻”。它的股价直接下跌，我们已经被套住了 30%，而核心项目——肺炎 9 价结合疫苗仍然在继续研发，这让我们心存侥幸。我在帖子里继续更新，为沃森生物说好话，安慰网民。

半年之后，我们看到了更多奇诡的变化，沃森生物的主要管理团队，特别是研发团队，纷纷离职，显然公司出现了非常重大的变故！而我们到处打听，结果很可能就是被我们寄予厚望的肺炎 13 价结合疫苗的研发立项出现了重大问题，甚至可能被药监局劝退。

我们投资的根本逻辑出现了重大坍塌！于是，我们不顾一切地离场了，这次我整整损失了 40%！在我离场的同时，我在《药中茅台，沃森生物》这个帖子里及时发布了我们割肉的情况。不用说，炸了营一样的批评铺天盖地，我这个帖子当年被点击了 200 多万次，估计有 150 万人次是骂我的！至于沃森生物在 2019 年以后又成功研发出了 13 价肺炎结合疫苗，那纯属下一个故事。

失败是成功之母，我们应该多总结，向前看！但我唯独不能忘记的是大家的“骂”，所以我想要告诉年轻的投资者，要防范研发风险，不能孤注一掷。

超级胜利和骄傲自大

2011 年我割了沃森生物后，父亲被查出肠癌，于是住院成了家常便饭。我发现每次父亲住院都要重复做一大堆检查，特别是抽血。为了动态跟踪各种生化指标的变化，每次检查单都是长长的几页，而且费用高昂，动辄几千元。一开始我一头雾水，既搞不清楚查的是什么，也不明白为什么要查，但是时间久了，我连各种肿瘤标志物、血象生化指标都大概了解了。

慢慢地，我对各种检验充满了兴趣，而且我忽然发现了一个超级赚钱的行业——ICL（独立医学试验室），简单地说，就是把标本、血样之类的外送去第三方实验室，委托检验，然后回传结果。美国几乎都是这样的模式，其对医院和患者都有利，特别是在基层，既方便患者，也提升医院的检查能力。当时这个行业主要的公司是金域医学和迪安诊断，但金域医学没来得及上市，股市中只有杭州迪安。于是，在之后的 5 年里，我调研了迪安 9 次。

2012 年 8 月，我重仓买入了 5000 万元迪安诊断，之后我就开车去西藏了，结果在西藏那个月，大盘跌了 20%，迪安诊断反而涨了 20%，我在唐古拉山上十分嘚瑟！因为不受宏观政策影响，迪安诊断一路上涨，而我的胃口特别大，利润翻 1 倍、2 倍都不满足，还要继续持有，我给这个套路起了个搞笑的名字——“屁股神功”！结果这个名字成了我后来的标签。

到了 2015 年股市大幅下跌前，迪安诊断已经从我们买入的复权成本 5 元涨到了最高 87 元，我竟然赚了 17 倍！我开始骄傲自大了，天天都有投资者上门，排着队请我管理投资。

2015 年杠杆牛市下，我们对估值一再容忍，市盈率达到 200 倍，还一再寄希望于收购，一股不卖。现在回头想想就知道什么叫幼稚！于是，股市崩盘了，迪安诊断跌到不敢复牌，最后一口气跌了 60% 多。这时候我们已经有了阳光基金，单位净值从 4 元多瞬间跌回 2 元以下了。当我们无可奈何选择出局的时候，只有勉强 5 倍多的利润了。

未来看好的行业

未来我最看好的是医药行业的创新领域、医疗器械领域、生物制品领域，以及医疗服务领域。投资中最重要的事是要选择更有前途的长期行业，美国历史上铁路、电报、电话、石油、计算机硬件都曾经是高科技行业，但是并没有经受住历史的考验！所以，想要在投资上有大的成就，需要想得更远，并且有贯彻始终的行动，绝不能只盯着眼前的蝇头小利。

综观牛熊交替，让我感触最深的是：交易，只能胜一时，选对赛道、深入研究才可以穿越牛熊。我们最近 20 年已经经历了 3 ~4 轮的牛熊转换，但我们积累了超过 100 倍的巨大盈利！2015 年股市大幅下跌，我们出现重大回撤，这使我们更加重视风控管理。这些年来我们的投资成绩越来越好，低回撤高增长，连续 3 年位列市场前 5%。选好赛道，持之以恒，然后坚信中国越来越强大，优秀的企业也越来越壮大，这就是我们的理念！而在选股上，要有充分的多样性，争取百花齐放，这样既可以规避极端的“黑天鹅”事件，也可以互相佐证，均衡发展。

在生活方面，我带动了身边的很多朋友，他们中的绝大多数人因此受益，所以我在生活中很受尊重，我很享受这种成人达己的快乐。其实在投资过程中，我也迷茫过，印象最深刻的一次是 2008 年我结婚的那天，我的第一重仓股竟然跌停，不过当时处于金融海啸，市场都不好。

对于一般人来说，投资其实是一门非常复杂的大功课，入门简单，精修很难。我不鼓励大家直接来炒股，因为大多数人最终难逃亏损的结局。如果你一定要投资，要投知名企业，特别是优秀的大型医药公司，这样会相对靠谱。不过这也需要建立在长线的基础上，短线风险其实更高于长线，这是忠告！

最后我想说：

第一，医药、医疗行业是未来十年的黄金赛道，请切记“医如既往，药牛十年”！

第二，没有哪个国家比中国更好，你越爱这个国家，越可以发现机会，这个国家对你就越好！

人生如投资，选择比努力更重要

| 朋克民族 |

编者语：他出生在福建山村一个并不富裕的家庭，懂事的他从小做过各种各样的农活，只为分担父母的艰辛。多少个在烈日下收割稻子的暑假里，他都暗自下定决心，一定要努力读书考上大学，摆脱如此艰苦的生活。功夫不负有心人，他不仅如愿上了大学，还找到了自己热爱和擅长的方向——互联网。乘着科技发展的东风，他的人生从此一路直上，供职的公司成功上市，自己也获得了第一桶金。闲下来的生活里，他又从投资科技股中收获了更多的财富，以及比财富更多的乐趣。人生如投资，努力很重要，但他认为选择比努力更重要，本文讲述的是@朋克民族如何做人生和投资的选择题的故事。

我是农村长大的孩子，大学改变了我的命运

我出生在福建一个偏僻、幽静的小山村，是典型的屋后靠山、门前有条小溪的村落。小时候我家境贫寒，穷人家的孩子早当家，从小学开始，我什么农活都干过：小到喂鸡、喂鸭、喂猪、扫地、做饭，大到种菜、插秧、割稻子等。从小我基本是属于腼腆、懂事、乖小孩类型的，因为知道

父母干活的艰辛，这些农活基本上是我发自内心主动去做的；也正是因为每年暑假在烈日下收割稻子，让我真正体会到干农活的艰辛。我曾多少次在山上的田野里，遥望远方，暗自下定决心，一定要努力读书、考上大学，摆脱这样的生活。我大学读的是计算机专业，我最喜欢的一门课是C语言编程，兴趣是最好的老师，这门课期末考试我考了98分，做错的那道选择题我知道是题目错了，没有正确选项，所以任意选了一个答案。幸运的是，我在大学里找到了自己擅长和热爱的方向——互联网。

毕业后的前5年，我在福建一家软件公司从事JAVA编程工作，并担任项目经理。有一次我出差到杭州做项目开发，深深地被这座城市吸引，偶然发现有一家互联网公司在招聘，那个时候觉得互联网行业比软件行业有前景，所以我决定去应聘资深JAVA工程师岗位。之后我进入了这家互联网公司，一干就是9年多，先后任职JAVA开发、项目经理、产品经理和产品专家岗位，后来这家公司上市，我也获得了第一桶金。

离开职场，我选择做职业投资人

回顾过去的投资，我和大多数“韭菜”股民有着相同的经历。2007年，我在大牛市中被周围的“热浪”吸引进入股市，随后便遇上2008年金融危机，最终以亏损告别了股市。之后我的精力还是聚焦在工作上，没有太多的时间深入研究，只是零散、随意地买入一些个股，没有形成自己的投资体系。结果可想而知，在不擅长而且没有花精力的领域，想做得很好那是不可能的，最终虽然没亏损，但也没挣到大钱。

转折点发生在我忙碌工作了15年之际，当时我觉得自己在一个行业的专业岗位上工作的时间太长，视野比较单一，也疲倦于朝九晚五的工作和生活。离开这家互联网公司以后，我内心最真实的呼唤是“像风一样自由”，所以当时就给自己放了一个间隔年。当时的我主要是想放慢脚步，感受生活中各种美好的事物、丰富自己的阅历以及思考未来工作和生活的其他可能性，没想到这个间隔年是我成为职业投资人的开始。间隔年的第一件大事就是自驾旅行和学英语，国内大到西藏珠峰大本营、北疆喀纳斯、东北大兴安岭，小到云南大理冷清的古镇、皖南水墨山水古村落，我都走了一遍；我也初访了欧美、东南亚等地区。在这个间隔年里，除了去各地旅行、扩展视野之外，我还阅读了很多书籍，涉猎了历史、政经、名人传记、文学、科技等领域。阅读的收获还是很大的，通过这段沉下心来的阅读经历，我重新发现了文字里那些美好的东西，各地的自然美景让我的审美、摄影水平突飞猛进。也正是在这段有大把时间可以浪费的间隔年里，我得以疯狂地博览投资领域的好书，比如《聪明的投资者》《滚雪球》《估值的艺术》等，最终我建立了自己的投资理念和体系。

专职做投资的这些年，我把投资当作兴趣爱好，每次自己关注的公司发布财报，就像听到一本好书面市、一部新电影上映一样热切期待。对于我来说，投资挣钱是目的之一，但不是我的唯一目的。这些年的投资经历让我觉得投资除了挣钱时刻的小开心外，更让我开心的是通过不断的学习、探索、进阶，以及这些年的投资实践，让我发现自己是热爱投资、适合做投资的。

钓鱼最重要的是选择在鱼多的地方钓

投资是一件很复杂的事情，可能需要关注成百上千个变量，大到国家的政治、经济、行业格局，小到一家公司的公司治理、财务数据、K 线图、交易量等。但是，在投资这件事背后不变的是什么？能否找到一些不容易变化且重要的变量去关注呢？复杂的世界往往运行在最基本、简单的原理之上，比如经济学的“看不见的手”、政治学的人生而平等、生物学的自然选择、数学的欧式几何。那么，投资的本质是什么？关注投资中那些不变的、重要的长期变量，忽略那些短期易变但长期来看又不重要的变量，化繁为简，复杂的投资就能变得简单很多、容易很多。

我对投资的理解比较简单，就是只关注投资的本质，遵循“买股票就是买公司”的朴素道理，始终坚持“好行业、好公司、好价格，长期持有”的基本投资原则。我坚持长期投资最优秀的公司，让这些优秀的公司持续不断、疯狂地为社会创造价值，为我们创造财富，最终真正享受复利效应。

我主要关注科技互联网、医药、消费三大领域（但还是以自己的老本行互联网领域为主）。我选择这三个行业的理由很简单：首先，历史数据表明，无论是美国市场还是中国市场，科技互联网、医药、消费这三个行业的增长率都远超 GDP 增长率，过去的投资回报率也远远超过市场平均值。其次，它们的行业特性注定其成为长牛股辈出的行业。考虑到比较优势，如果选择在容易挣到钱的地方挣钱，那么挣到钱的概率就大得多，就像芒格先生认为的那样：钓鱼最重要的是选择在鱼多的地方钓。雷军在金山 IPO 上市后感慨道：“选择比努力更重要。”第一代程序员雷军，22 岁进入金山，在雷军名满天下之时，阿里巴巴、腾讯和百度都还没有创立。雷军在金山干了整整 16 个年头，金山 IPO 上市时，其市值却只有一些互联网公司的零头。最后，这三个行业基本不受宏观经济周期影响，可以较好地抵御宏观经济周期等风险。最典型的例子就是新冠肺炎疫情对这三个行业的影响是最小的。此外，我以前身处的互联网行业就是优秀公司不断涌现的好行业。结合个人能力圈范围，从比较优势的角度来考虑，选择在自己擅长的领域做投资，成功的概率明显会大得多。

除了最基础的财务分析外，我在挑选优秀的公司时主要关注以下这些标准：

第一，这家公司的核心竞争力是什么？是否具有品牌“护城河”、行业壁垒、平台网络效应、研发创新、规模效率等独有优势？

第二，公司目前的商业模式是否稳定？未来 5 年、10 年行业的发展趋势如何？竞争格局会如何演变？

第三，5 年或 10 年后，这家公司规模如何？成长空间大不大？

第四，企业文化是否优秀卓越？管理人是否诚实可信？公司是否有利润之上的追求？是否把资本投资于创新、投资于未来？

第五，公司产品或服务的用户口碑如何？用户黏性强不强？

适度分散，在合适的估值配置合适的仓位

好公司重要，好价格同样重要。在选择了优秀的公司之后，我一直遵循一个基本原则：适度分散，在合适的估值配置合适的仓位。构建适度分散、平衡稳健的投资组合，能让自己的投资收益更加平稳，避免犯错和大起大落。对于长期关注的公司，我建立了估值计算表格，这些公司什么价格区间估值合理、什么价格明显低估、什么价格明显高估，我心里都有数。当公司估值合理时，我会配置 10% ~15% 的仓位；当估值出现明显低估时，我会超额配置 20% ~25% 的仓位。为了避免个人认知可能产生的偏差所带来的失误，每只股票的上限仓位我基本会设置在 25% 。

我会严格规定自己只买长期关注的股票池里的公司，不轻易买新公

司，这样可以大大降低犯错的概率。我是从 2016 年第三到第四季度开始投资腾讯的，那时正好遇到腾讯游戏业务增速放缓，股价下跌得挺多，我抓住了很好的建仓时点；2017 年腾讯一路直上，到后面我觉得明显偏贵，股价越涨，我越谨慎，到最后只留了 5% 的仓位。站在 2017 年的时点，在提前减仓的过程中，虽然我少挣了一些钱，但我觉得坚持做对的事情更重要。对于太贵的股票，我一向谨慎，这虽然让我错过了一些投资机会（比如恒瑞医药和海天味业），但稳健的投资策略可以让我睡得更踏实。

2018 年，由于游戏限版号问题，“吃鸡游戏”无法按时上线，这对腾讯游戏业务短期影响巨大，加上 2017 年高高在上的估值，腾讯股价一度从 470 港元跌到了最低 250 港元。在下跌的过程中，我最关注的是游戏限版号到底是短期问题还是长期致命问题？毋庸置疑，限版号只是一时限制，况且腾讯的游戏业务收入占比已经从 2016 年以前接近 50% 的比例降到了目前接近 30% 的比例，而增长更迅速的社交广告、金融和云业务占比越来越大。所以，当时我对腾讯的前景依然看好，并且认为只要还是处于手机移动互联网时代，微信的地位始终无人可以颠覆，腾讯的“护城河”依然稳固。对长期发展有了判断之后，剩下的就是按部就班地根据“合适估值配置合适仓位”原则操作。比如，当时我觉得腾讯 300 ~ 350 港元的价格很合理，所以 2018 年年中腾讯跌到这个价格区间的时候，我买了 15% 的仓位，后面越跌越买，最终买到了 25% 的仓位，使之成了自己的第一重仓股。后来腾讯跌到了 250 港元，这是谁也无法预测到的价格，我没有买到最低价格，也从来没想过要抄到某一家公司的底。

当时有人问我：“为什么你觉得腾讯的估值能有 300 ~ 350 港元？”我的体会是：没有非买不可的公司，只要有足够的耐心，总有机会买到价格便宜的好公司，比如游戏限版号的腾讯、中美贸易摩擦阶段的中概股、前几年集中采购时的优秀医药股、2020 年 3 月新冠肺炎疫情时多次熔断后跌至“白菜价”的股票。很幸运，这几年的这些事件，我都模糊正确地做出了持续加仓买入的动作：中美贸易摩擦阶段，我认为中国经济内需必须行，因此持续买入了阿里巴巴；医药集中采购的时候，我持续买入了“白菜价”的中国生物制药；2018 年底市场冷清的时候，我持续买入生物创新药公司信达生物；2020 年 3 月疫情期间，几次熔断的夜晚，我多次买入低估的 Facebook。

当然，人都会犯错，这些年我也犯过错。比如 2018 年小米上市，由于个人喜好产生的偏见，IPO 的时候我就以较高的价格买入了小米。好在时间是优秀公司的朋友，买贵了不是造成亏损的原因，拉长时间，优秀的公司通过不断地创造价值，早晚可以抹平贵一点的价格。真正亏损的源头一定是买错了公司，因为时间是平庸公司的敌人，平庸才是毁灭价值的工具。

除了以上这些，我觉得做好投资最重要的是具备一些良好的品质：自律、冷静、独立、耐心。只有不断修炼这些品质，克服人性的弱点，才能在市场极度恐慌的时刻保持冷静、独立思考，耐心地等待便宜的好公司出现。当持有了这些好公司之后，我们同样需要保持自律、耐心。识别好公司难，长期坚守同样难，唯有“坚持长期主义，坚守好公司”，不随意中断复利效应，才能让这些优秀的公司持续为我们创造财富，让我们真正享受到复利带来的魔法效应。

投资对我而言，是认知变现的过程

投资，在我看来是“个人认知变现的过程”。我们对这个世界的看法，对一个国家、一个行业、一个公司的看法，决定了我们能在投资这件事情上挣多少钱。2007 年苹果公司创造了 iPhone，如果我们可以意识到它将创造伟大的移动互联网时代并投资它，那么接下来的十几年我们将获得非常丰厚的回报；同样地，在未来 10 ~ 20 年，我们怎么看待这个世界决定了我们未来能够获得多少回报。投资，除了挣钱时刻的小开心外，更让我开心的是通过不断的学习，我的认知得到验证，那一刻我所获得的成就感不亚于挣钱本身。

这些年，我主要在科技互联网和医药领域获得了丰厚的回报。我选股比较挑剔，基本只关注三大行业里最优秀的那些公司，其中绝大部分是以自己老本行科技互联网领域为主。我长期关注和持有的股票有阿里巴巴、腾讯控股、苹果、亚马逊、Facebook、拼多多、美团、小米集团、信达生物、百济神州、微创医疗、迈瑞医药、贵州茅台、海天味业等，目前我从其中很多公司获得的投资收益已达好几倍。

在收获财富复利增长的同时，我在投资过程中学习、探索和积累的知识也在以复利的速度快速增长。在这个变化无处不在的时代，认知的迭代更新显得尤为重要，巴菲特和芒格在 90 岁高龄，连手机、书籍上的字可能都看不清的年纪，依然不断迭代自己的认知，他们把苹果当作第一重仓股的勇气令人敬佩。

最后，有个真实感慨想和大家共勉。放眼未来，我们身处全球发展最为迅速的国家，身处这样美好的时代、优秀公司辈出的时代、投资机会巨大的时代，这是我们的幸运。假如我们在 10 年后的某一天回首现在，你可能会发觉，没有比“长期投资中国各行各业伟大的公司，成为它们的股东”，更让人觉得“不能错过”的了。

矢志不渝

他找到了一生所爱

一个爱好变为职业、知识变为财富的故事

| 张小丰 |

编者语： 有人说："爱好是最好的老师，所以我们要从事自己感兴趣的职业。"有人说："爱好永远不能成为职业，爱好只能是业余的。"还有人说："我对很多东西都感兴趣，除了我的工作。"

一部分人把兴趣变成工作，上班如"玩耍"一般，这听起来非常美好；但同样有很多人在把爱好真正变成工作后，就再也没有了兴趣；对于另一部分人来说，每天太阳升起时就可以为事业拼搏，"你的工作就是你爱好的事情"只是一种愿景，他们并没有真正体验过。而@张小丰，则成功地把他的爱好变为了职业，工作变成了娱乐，每天都充满激情。本文讲述的是一个把爱好变成职业的故事，也是一个把知识变成财富的故事。

做喜欢的事情，总是充满激情

我叫张小丰，成都人，18 岁到新西兰留学，毕业于奥克兰大学，本科专业为计算机编程，硕士专业为统计。毕业后的10 年间，我一直为新西兰卫生部和司法部从事数据分析和数学建模工作。2018 年 8 月，我成立了雪球小丰私募基金，成了一名职业投资人。

我的父母都是20世纪90年代就入市的老股民，但是这么多年来，他们和其他大多数散户一样，追热点、听小道消息，在股市里并没有赚到钱。因此，我小时候一直认为股市就是赌场。直到机缘巧合下，我阅读了一些金融类教科书，才发现原来企业是有内在价值的，一些金融模型可以估算“合理股价”，以合理价格买入优秀企业进行价值投资是可以赚钱的。

这些相关理论成就了大量有长期业绩支撑的价值投资大师，也提起了我的兴趣，于是我开始广泛阅读投资书籍，汲取前人智慧。有3位大师对我形成自己的投资策略影响很大：

第一，格雷厄姆的《聪明的投资者》《证券分析》帮助我构建了投资的基本框架，它们严谨地论证了股市可以投资而非赌博，并且长期来看，正确、稳健的投资是高概率可以盈利的。

第二，巴菲特的股东信则详细阐述了巴式价值投资的方法，帮助我构建选股模型。

第三，大卫·斯文森的《机构投资的创新之路》则帮助我完善了投资策略的最后一块拼图：彻底舍弃择时，改为以权益为核心的适度分散化组合，利用资产配置来降低组合波动。

聪明的人会从错误中学习并改进，但更好的方式是从别人的错误或成功中学习。站在这些投资巨人的肩上，深刻学习他们的理论让我的投资从一开始就未走过弯路。

总结起来就是：满仓不择时，享受全额股票长期收益；跨市场配置，增加投资组合非相关性，大幅度降低整体波动；用合理的价格买入优秀企业长期持有，适度分散增加容错率，追求平均胜率；构建稳健、适合长跑的投资体系，让复利为财富提升层级。

有了以上的投资理论支持，投资成了我的副业，我在国内外多个股票市场的实战应用都取得很好的成果。有了一定的成果后，我一直在雪球上和“球友”讨论、学习、分享。我热爱分享，分享的过程产生了大量有价值的讨论，也使我认识了很多投资高手。在持续的研究和学习中，我逐渐把医药研究作为主攻点，因为这是一个持续朝阳、非周期性、产出大量牛股的行业。

2018 年下半年，在投资人的鼓励和雪球的支持下，小丰基金成立了。我非常热爱投资，所以当投资正式成为主业以后，我每天从早上 9 点工作到晚上 10 点。我并非“工作狂”，而是研究企业已经成了我的爱好，重点关注的企业发布财报给我的感觉就像新电影上映一样。我体会到了什么叫作热爱工作，工作变成了娱乐，我每天都充满激情。能做自己真正喜欢的事情是一种奢侈、一种福报。更美妙的是我能帮助想配置医药行业的投资人配置资产，实现财富升值。在这一过程中，我同时实现了自我价值。

一个时刻保持满仓的稳健选手

统计和数据分析的专业背景深刻影响着我的投资策略。投资是一种信息不充分的概率游戏，充满了对未来的主观预判。在这个背景下，投资者只有构建高确定性、高容错率和稳健的投资体系，才敢把相对足够的资金投入股市。而只有把相对足够的钱投入进去，才能利用“世界第九大奇迹”——复利来提升你的财富层级。

在投资中，我深信“不可知论”，即我无法知道未来短期股市的涨跌，所以我会一直保持满仓，除非全市场出现泡沫，找不到任何可买的公司。在一般人眼中，满仓会导致投资组合波动巨大，但是如果组合的非相关性（不同涨、不同跌的股票）足够高，那么组合的波动会显著下降。

具体的做法就是跨市场（A股、港股、美股）配置。很多时候，人民币资产和美元资产涨跌不同步或者涨跌幅差距很大可以让组合整体的稳定性大增。以2015年第三季度为例，沪深300指数跌幅28.4%，标普500指数跌幅6.9%。单独持有A股的投资人会在2015年大幅下跌中承受巨大的跌幅，但是A股、美股共同配置的投资人的损失会大幅度下降。

俗话说“天下没有免费的午餐”，但在投资中这句话并非完全准确，非相关性资产配置就是投资中唯一免费的午餐，可以在不损失收益的情况下降低组合的波动，鱼与熊掌兼得。跨市场配置还能避免单一市场产生的系统性危机造成巨大的损失。同时，当单一市场估值过高时，投资人可以把资金配置到另外估值更加合理的市场。

我在具体选股中追求确定性，坚持做到每个企业未来5年业绩心里有数，内生性增长稳健。回溯性数据可以证明一个公司的长期股价和长期业绩呈高度正相关。所以当我选择具有高确定性并且高质量增长的企业时，只要买入时的估值不是在泡沫顶点，那么长期持有大概率是赚钱的。

作为受过系统性统计训练的人，对于我自己的投资，我只做概率优势。同时我只投资行业内最优秀的企业，不追求表面上估值便宜的平庸公司。优秀企业创造价值的速度远大于社会平均水平，并且经常有经营超预期的优异表现，这样进一步提升了确定性，增加了长期赚钱的概率。

随着我们参与投资的时间越来越长，犯错的概率也会越来越高。因此，投资策略的容错率显得尤为重要。

事实上我们在投资中都会有犯错的一天。一个没有足够容错率的策略会让我们的投资在一次严重的犯错中元气大伤，产生负复利效应；一次大规模的损失会让之前收益中的大部分化为乌有，让长期业绩变得极为平庸，甚至产生亏损。

所以我坚持适度分散投资。如果我对一个行业有深入的认知，那么选股的成功率就会大幅度提高，进而适度分散就会出现判断对的次数比错的次数多很多的情况。比如投资人选10个医药企业，或许里面有8个都判断正确，有2个判断错误。这样，投资组合的容错率大增。

小丰基金就是这样，持有满仓股票，全额享受股票带来的长期高收益，同时利用跨市场配置增加组合非相关性，轮动估值高、有泡沫的资产到合理估值的资产，降低组合波动。所以，投资人在选股中要重视公司质地，选择预计未来5年以上保持高确定性健康增长的公司；通过适度分散增加组合容错率，尽量做到投资组合稳定增长，成为长跑型选手，通过复利积累财富。

钟情医药股——一个“持续朝阳”、贯穿未来的投资机会

之所以医药行业“持续朝阳”，具有非周期性，在于医药属于刚需，人们对健康的追求是无止境的，人均收入水平的提升让医疗行业的规模持续扩大。

基于这些原因，我将投资范围聚焦到了医药行业。

近年来，中国制药水平有长足的进步，打破了外企的垄断。高端生物制品、靶向药的年费从24万元左右降低到了10万元左右，并且逐步被纳入医保。高端药可及性的提升进一步扩大了市场规模，这个至少千亿元级别的高端药市场才处于爆发性增长的起步阶段。相比而言，海外制药业则处于科技大爆炸时期，核糖核酸（RNA）、基因疗法、细胞疗法、双特异性抗体等新技术正在高速发展。国内和国际市场均有大量投资机会，而且从历史数据来看，医药股持续跑赢大盘，医药行业同时也是大牛股、长牛

股集中产出的行业。

医药行业另外一个很多人不理解的特性是具有很强的确定性。首先，药品从立项到获批，绕不开长达多年的临床试验和审批。每个企业的研发流程都是透明的，所以这个行业没有未知的对手，大家都是在明面上竞争。这和其他科技行业有非常大的区别，这个特性可以让投资人评估和预判企业未来多年的格局。

其次，医药研发投入大，具有很强的科技属性，属于以人为本的行业。在这个行业中，优秀企业和平庸企业的差距会非常大，优秀企业会大幅度跑赢全行业平均值，收益率会进一步提升。

最后，医药行业专业性很强，其行业知识具有很强的积累性，容易构建投资人的"护城河"，建立持续的认知优势。

一条鱼不应该去爬树，要找属于你的江河湖海

工作，是为了在社会上安身立命，相比自己的爱好和兴趣，我们会对其有更多的要求。除了满足基本的生存需要，高级一点，我们理所当然地还会考虑这份职业是否体面；或者再高级点，能不能带给你成就感。

但我想和大家分享的是：一条鱼不应该去爬树，而是要去找到属于你自己的江河湖海。

我知道很多人可能无法像我一样能把爱好变为工作，并且愿意为之努力奋斗。其实更多的时候，并不是我们喜欢一件事就可以把它做好，而是我们在做的时候，学会了喜欢它；或者在我们做的时候，认识了另一个自己。

去做有前景的事和自己擅长的事，如果碰巧这也是你的爱好，那一定是一种幸运。

“90后” 投资老将的成长之路

| 磐耀资产辜若飞 |

编者语：他受家人影响从小开始接触投资。18岁（大一）第一次实盘操作；22岁大学毕业后作为行业研究员正式踏入投资领域；23岁成为基金经理开始积累私募基金管理的经验；24岁选择创业，成立了自己的私募公司。如今他的管理规模超过50亿元，长期业绩领跑市场。他就是磐耀资产创始人——“90后”的辜若飞。

在开始做投资的那几年，他尝试了绝大部分投资方法论，与之对应的是经历了各种“交学费”的过程。但幸运的是，这些“交学费”的过程并没有让他放弃投资，反而让心态坚毅的他更快地从中成长。经历各种风险后他认识到在投资中严格执行风控制度的重要性，逐渐寻找到了适合自己的投资体系。

在和辜若飞的交流中，他语气平和，表达谦虚、诚恳，在他有条不紊的分享中可以感受到他对投资的热爱。从他对每一段投资经历的透彻剖析中，能看出他对投资和市场的深刻洞察。也许正是基于这种在投资上长期的严于律己和缜密的思考，才能让他从几年的投资实战经验中迅速进化，把从小埋藏在心里的那颗对投资的兴趣种子不断地发展成为一家规模超50亿元的私募公司。

敬畏市场，做好风控

我接触股票其实挺早，因为家里做投资的人比较多，算是从小就耳濡目染。我小时候经常被带到证券公司营业部，那时候证券公司还是用大屏幕滚动播报股票价格。虽然当时我也看不明白，但印象中家里的很多东西都是通过投资股票赚来的。家里的书柜中投资类的书占比也比较大，我偶尔会翻一下，潜移默化地在心里埋下了一颗做投资的种子。

我属于比较有主见的人，高考就是出于兴趣选择了金融专业，上大学后我也在思考未来的路怎么走。当时在所有的金融类课程中，我只对证券投资这一门兴趣浓厚，对于不太感兴趣的科目就没那么上心，所以大学的绝大部分精力都专注在证券投资上。

纸上得来终觉浅。2008 年，也就是读大一的时候，我开始实盘操作。第一天，我买的第一只股票就涨停了。我的印象很深刻，记得是前一天刚开户，准备第二天试一下。开户的当天晚上看到一个政策性的新闻，那个时候还比较流行“炒地图”，即政策走到哪儿，受益的股票第二天就会有比较好的表现。一知半解之下我买了一只当时被受益政策催化的股票。买入涨停后还是比较开心的，殊不知，接下来等待我的是长达几年的磨砺。

早期作为一棵新“韭菜”，我的理论体系还没有成型，经历了市场各种各样的风格切换，尝试了绝大部分的投资方法论。开始做投资的时候，我采用了非常传统的价值投资理论体系。有时候投资方向的选择比努力更重要，当时在我看来，消费和医药都是长期利好的行业，所以我选择专注在这两个赛道上的标的。那些年我的很多持仓标的都遇到了风险事件。比如我曾经持有的一个医药股中恒集团，当时可以算是行业的核心白马，高成长、低估值、好赛道。当时它的股价从2008年开始涨，一路都是大牛股，差不多涨到了2011年，这期间我一度不断加注，但后来遇见了短期的“黑天鹅”事件，股价很快就腰斩了。

这是我第一段比较难忘的经历。虽然亏损了不少，但这段经历告诉我：即使是长期以来非常优秀的公司，也要不断地去跟踪它基本面的变化。风险往往是突如其来的，要做好风险的应对而不是一味地长期持有，并且要做好事前的风控，做好行业以及个股的分散化配置。

还有一段让我印象深刻的经历是投资重庆啤酒。那个时候这只股票也是一路牛股的走势，但同样也是在2011年遇到了“黑天鹅”事件，短期下跌得很多。虽然重庆啤酒并不是我的重仓股，但这个事件让我对风险又有了新的认知，并更加认同“重大事件分析法”的体系，即高涨幅、高估值、高预期的股票，如果出现重大事件，可能不论是利好还是利空，事件临近都是卖出的时间节点；相反地，长期好赛道里一些低涨幅、低估值、低预期的股票，如果出现重大事件，可能会迎来一次买入的机会。比如2013年，由于限制“三公消费”以及“塑化剂风波”，茅台跌到历史低估值区域，利空不断，一片悲观声中出现重要买入机会。

做投资的早期阶段，我曾尝试了很多投资工具。我是第一批开通股指期货的人，也尝试过商品期货。各种各样的投资工具，我都参与、尝试过，所以有时我会说自己也算是经历过“花式亏钱”的人。在这些早期的投资经历中，我所感知到的市场是风险在不断释放的市场，经常有让我亏到心如死灰的时候。但现在回头看，早期阶段的经历对我个人的投资成长是非常有意义的。在书本中看到的风险，它永远是停留在书本中的，而自身体验的市场风险则是直观的、冲击是强烈的。这让我在投资早期便形成了对市场的敬畏之心，并在投资中做到一直把风险控制放在首位，而这两点也成了我一直以来做投资的重要基石。行稳方能致远。

我的投资体系：价值与成长并重，安全边际是核心

随着投资经历的不断积累，我的投资体系逐渐形成，核心就是寻找好股好价，捕捉未来变量。我做投资是赚上市公司业绩增长以及估值提升的钱，而不是和市场博弈，要始终保持敬畏心、好奇心、责任心。

在经历了各种各样的市场环境风格的变化后，我慢慢发现这种始终秉持寻找安全边际的理论体系是具备自适应性的。我不给自己贴具体投资风格的标签。没有成长的价值不是价值，没有价值的成长不可持久，因此，保持适应性的风格就是我的风格。

在成长与价值并重的选股思路下，影响投资业绩的只有行业选择以及具体标的选择上的胜率问题。我通常会选择3 个以上的行业进行组合配置。择股做好之后还有一个重要的问题就是择时。择时很难，我做择时不是为了产生多么高的超额收益，而是为了更好地平滑曲线、控制风险。经历了无数次大级别风险释放后，我的直观感受是："活"得久最重要，大级别风险释放来临时，如果不做仓位控制，那么净值的回撤是完全不可控的。从私募基金运行的角度来看，我认为应该以绝对收益为核心，兼顾长期相对收益，所以控制回撤是重要环节。

除了立足基本面研究和关注标的的安全边际之外，在行业选择上，我比较偏好满足低估值、有增长，低关注、低配置，有催化的行业和公司。

首先，低估值、有增长，这符合我买股票是赚上市公司业绩增长的钱以及估值修复的钱这个出发点。长期来看价格终将回归价值，因此，这两

部分收益可以通过深度研究基本面获得。

其次，低关注、低配置属于我的理论体系中偏逆向投资的部分。如果市场关注过度、机构配置过重的话，那么后续超额收益大概率是降低的，就像是人多的地方怎么可能有便宜货一样。所以对于市场高估值、高关注、高配置的标的，我会更加谨慎一点。相反，我喜欢在长期好赛道里面选择一些短期悲观预期达到极致，同时关注度较低、机构配置较低的标的去研究它们的基本面拐点。如果基本面迎来拐点，那么随着基本面逻辑逐渐被验证，越来越多的增量资金就会被吸引进来，标的就可能会从低关注、低配置变成高关注、高配置，这个变化是可以充分打开股价向上空间的。

最后，有催化这个偏好也比较重要。因为逆向投资很重要的一个问题就是可能需要消耗很多的时间成本去等待价值被发现，如果这期间有较多催化因素，就可以大大缩短价值被发现的过程。

保持思考的独立性、前瞻性，坚守初心

我始终保持思考的独立性和前瞻性。投资需要信仰，方法论一旦根深蒂固到你的骨子里，是很难发生变化的，因为它和你的投资信仰是紧密相关的，包括你的投资偏好、价值观等。我比较喜欢逆向投资，而逆向投资思维在追寻安全边际的时候一定和市场绝大部分人的观点是不同的。因为当市场真正具备安全边际的时候，可能都是极度悲观的时候，极度悲观才会把黄金当石头卖。经过这些年投资历程中的多轮洗礼后，我也逐渐习惯了跳脱于市场情绪之外，保持思考的独立性，用相对客观、冷静的眼光看待市场。

羊群才会结伴，猛兽总是独行。我享受这种孤独的狩猎感，最开心的其实是自己的投资判断慢慢得到市场的验证。

时间终会犒劳优秀的管理人

2014 年末，24 岁的我选择了创业，成立了私募公司磐耀资产。做投资久了，我越来越发现这个世界上大器晚成是很少见的，优秀的人往往年轻时就有不小的成就。我是因为接触投资比较早，到 2014 年，自己参与 A 股市场的投资已经 6 年了；同时对私募行业有了比较全面的认识，也逐渐形成了自己的投资体系。私募这个行业未来成就的高低和净值曲线息息相关，能够尽早把自己的策略完全执行并逐渐积累过往业绩就显得比较重要，所以我创立了磐耀资产。

各行各业的创业都不容易，创业本身也是一条九死一生的路径。从客观数据看，私募和别的行业创业差不多，生存率并不算太高。虽然私募行业的创业很艰辛，但在我看来二级市场是特别公开、公正的。如果公开的过往业绩足够长，能证明你具备相应的投资能力，时间终会犒劳管理能力比较优秀的管理人。

基金经理最核心的竞争力在于理念是否正确、研究是否深入、心态是否平稳，剩下的就是做时间的朋友，用客观的长期业绩去证明自己。在公司过去的 6 年中，虽然我们经历了 2015 年下半年大幅下跌、2018 年不尽如人意的市场，但得益于始终坚持选股要有安全边际、选时控制回撤幅度以及严谨的风控体系，我们穿越了所有市场的大幅下跌。

2021 年是我创业的第七个年头。我的创业愿景很简单，就是力求中长期收益处于市场头部，就像磐耀资产名字的由来——守如磐石，攻如耀阳。

资本市场 14 年，教会了我什么？

| 洪俊骅 |

编者语：很难说清投资这个命题的难或不难，对有些人来说，难于上青天；对有些人来说，天生就是吃这口饭的；对普通人来说好像就只有“韭菜”这个选择了。@洪俊骅初中听到股票这个名词时，可能不知道自己以后的人生将深深地和股市产生幸福的羁绊。

很长一段时间，大家听到他，就会想到“徐翔旧部”这四个字，却不知道他对房地产行业的研究非常深刻，自身的私募业绩也十分亮眼。从上市公司到卖方、买方，再到泽熙、希瓦，每一步他都走得有声有色。

为什么这个上海男人能让梁宏主动邀请到希瓦做投研总监，他的投资魅力是什么？本文也许能告诉你答案。

从初中接触股票起，我的职业生涯就和投资紧密相连

我入市的原因很简单，因为我的母亲算是老股民，我最早是看母亲炒股。当时她分到了扬子石化（已经退市）的原始未上市股，成为原始股股民。那时候还是 BP 机时代，因为她经常在中午回家做饭的时候看股票行情，所以我也知道了什么是股票。我第一次炒股是在研究生阶段，家人给

了我20000元起步资金。但当时我其实对A股完全不了解，仅凭借在学校学习到的一些金融经济知识，完全就是“小白”一个。

那时候我没有电脑，对很多公司也没什么认知，对股票尤其是A股市场的了解还相当于“菜鸟”级别。当时我也乱买过一些股票，也赚过一些钱，但是现在回想起来，都是很初级的投资。真正知道自己对这一领域感兴趣是在研究生毕业以后。我入职的第一家公司是保利地产，当时是2006年，公司刚刚通过IPO审核。上市以后我进入保利地产总部，最开始在财务部工作，一个多月以后调到董事会办公室（原来叫作证券部），一方面负责融资对接，另一方面负责内部的研究。此外，还有一部分业务就是和一些投资者进行交流。

2006—2007年是大牛市，我认识的不少卖方分析师、买方基金经理都赚了很多钱，但是我认为他们有时候问的问题并不专业，他们对房地产行业，尤其是对我们公司并不了解，这让我觉得我好像也不比他们差。

当时我也考虑过工作转型的问题。鉴于自己第一份工作的经历，我渐渐开始了解真正的机构投资者是如何做研究和投资的。当时正好是牛市，周围很多同事都在炒股。在工作之余我参加了CFA考试，通过系统学习，我才发现自己的兴趣点在投资上。再加上当时我在广州，短期内回不了上海，而我的父母包括很多亲戚都在上海，所以我选择跳槽去湘财证券做卖方分析师。大概一年以后，我进入招商证券做卖方分析师，得益于很多领导的关心，我的成长是比较快的。

一年半以后，我去了浙西证券。后来我又在泽熙工作了两年，这段经历对我来说锻炼强度是最大的。因为泽熙对投资的要求非常高，当时我的风格还是偏短线和趋势驱动，所以就必须把握一些热点，并做出判断。

这几次转换我都是围绕资本市场做不同的工作，这段经历对我后来做投资和私募产生了很多积极的影响：

首先，在保利地产董事会办公室工作给了我很多难得的机会，不仅可以接触资本市场，还可以了解整个房地产行业。由于工作的关系，我经常接触公司高层和买卖双方的研究员、基金经理等，这让我成长得很快。

其次，卖方分析师的工作虽然非常辛苦，但也锻炼了我。研究中要覆盖很多公司，因此需要建立细致的模型（房地产的 RNAV 模型，即重估净资产模型），只有建立好模型，我才有信心参加基金经理的路演、撰写研究报告。在这样的锻炼下，我对房地产行业和很多公司都非常了解。另外，由于房地产行业是“周期之王”，我对周期股和宏观经济也有了一些了解。

在泽熙的两年教会我三件事

我在泽熙工作过两年，回顾这段经历，值得深思。泽熙的收入非常高，但压力也很大，超过 80% 的研究员一年内就会被淘汰。压力之下，他们必须努力超越市场的大部分买方或者卖方分析师。

在泽熙工作让我知道成为一名优秀的基金经理需要非常努力。徐翔每天最早到办公室、最晚离开，晚上还会回去复盘。为了方便上下班，他住的地方离单位非常近，不浪费路上的时间。他在交易时间上厕所都是快步走，中午一般有午餐会，下午会听 1 ~2 场路演，周末有时候还会去上市公司调研。徐翔本人有很强的交易能力，再加上自身的勤奋，业绩好是自然而然的。当然，后来在他身上发生的事情，让人非常遗憾。在泽熙我学到，作为一名基金经理，首先要勤奋，要喜欢投资这个行业；其次，必须合规，这是红线。

回顾这些年的投资，泽熙对我的影响很大。虽然在泽熙的两年过得不容易、不轻松，但对我之后的投资生涯意义非凡。

首先，徐翔优异的投资业绩对我是一个促进，让我知道绝顶高手的水平是什么样的。

其次，徐翔的勤奋、努力也让我知道，成功并不轻松。

最后，徐翔后来所犯的错误也让我明白，风控合规非常重要，这对我起到了警示作用。

持股自信的底层支撑是投资能力

持股自信不是一味地觉得自己持仓优秀从而感到满足，而是需要对行业和公司的盈利模式有深刻的了解，和上市公司保持密切的沟通，和主要的卖方、买方及时交流并更新行业、公司的相关信息。针对股价波动，如果只是由市场因素导致，那么这是很好的加仓机会；如果下跌是由于基本面恶化造成的，那么需要果断止损。我有一个方法与大家分享，如果你持仓的股票下跌了 15% ~20%，你还没有信心去补仓，那基本说明你买错了，可以止损了。

在针对个股的具体研究中我也形成了自己的方法。比如我喜欢研究港股，首先，我会在一些股票上市前研读招股说明书，从中总结出自己想问的问题，并和上市公司通过各种形式不断交流，希望对方可以将我的一些疑虑和不了解的地方解释清楚。如果有机会，我会和投行、上市公司取得联系，争取去现场交流和调研。

其次，我会在内部做深度报告，在企业上市前将这只股票分享给大家。同时，我也会参考大家的意见，如果大家对公司有强烈的兴趣，我还会积极争取国际市场配售的额度。2019 年年底我研究的一只港股，上市当天虽然表现一般，但半年后就翻倍了（按照合规要求，不能透露公司具体名字）。

记得在泽熙投资的时候，徐翔让我研究一只股票——铁岭新城。当时它的股价走得很高，业内对它的利润估计也是水涨船高。它当时的主要业务是负责铁岭新城一级土地的开发，利润来源是测算当年公开拍卖的土地以及土地的价格。我专门去现场调研了一次，因为每年的土地指标是受控制的，假设土地指标全部出让，关键的问题就是价格的测算。当时的股价反映的土地每亩出让价格在 100 万元以上，而沈阳北部新城的房价是每平方米 6000 ~ 7000 元，铁岭新城的房价也就在 4000 元左右。因此按照容积率为 2 来测算的话，每亩 100 万元的土地价格根本不会让开发商赚钱，除非是对远期的铁岭新城的房价有很高的预期。但当时铁岭新城的位置很偏，高铁还没有建成，因此我判断当时的股价存在高估，不应该持有或者买入。调研回来后，我给出了不看好的结论，从而避免了公司的损失。

我的投资思路和思考

我的投资风格和其他基金经理不太一样，有些基金经理的风格可能会偏向重大交易或者图形交易，而我是以基本面为导向，尽量不做那些无谓的交易，如短线交易。我的逻辑是通过深度调研挖掘出股价在短期内能创新高的标的，如果买股票，那么股价在半年、一年之内都能创新高。实际上短期不考虑极端情况，你就没必要做买进、卖出的择时交易。比如虽然今天大盘跌得比较多，但是如果你对持有的股票有信心，认为它的股价在未来的半年或者一年之内还能创新高，那么你就没有必要调仓；如果这个时候，你对有些股票是没有信心的，大盘跌得比较多，你就只能考虑是不是要换仓位了。

总体来说，我持有的大部分股票是经过自己深入研究的。如果不是受新冠肺炎疫情影响，我一般有一半的时间是在外面开会和调研。因为我相信持股的股价在未来半年、一年之内能创新高，所以我一般不会做太多的择时交易。

我关注的行业板块主要有三个：一是房地产板块。我最早是房地产研究员，所以会关注房地产板块，但目前我盯得比较少。二是猪肉板块。我在公司内部也负责一些猪肉股的研究。三是物业板块。因为物业板块出现了不少牛股，所以 2019 年我开始推荐这一板块。我写过一篇分析物业板块的文章：我认为物业板块还有空间，两三年内还有机会；但是股票开始分化了，不像 2019 年所有股票上市以后乱涨，因此我们就需要精挑细选。

我的行业配置主要有两方面：

一方面是我自己深入研究的猪肉板块、房地产板块和物业板块，最近也在关注一些新的行业。

另一方面，有些行业是依靠我们的研究员进行分析的。比如经过一段时间考察，我发现比较靠谱的研究员推荐的股票，一是能紧密跟踪，二是逻辑非常好，估值也相对合理（未来半年、一年的空间甚至 5 年的空间比较好），那么我会逐渐买入，因为任何基金经理都不可能亲自跟踪所有的股票。如果你只选择自己关注的行业，一旦这几个行业行情不好，那么业绩就没办法保证。所以必须买入其他行业的股票，前提是这些行业必须有靠谱的股票，同时需要有不错的研究员来帮你跟踪。我心目中靠谱的研究员就是在涨的时候，他会提示我存在的风险；在跌停的时候能合理分析是否是误杀。

过去我的业绩还行，主要是依靠自己研究的几个行业板块，可能正好这些行业比较获市场认可，但是未来我会更多地依靠我信任的、合格的、资深的研究员。当然我自己也要看这些行业，如果我最熟悉的行业有机会，那么我会100%抓住；如果没有机会，我也会考虑其他研究员推荐的股票。

经过这一系列操作，我有信心做中长期投资。目前我的管理规模相对还比较小，如果未来公司规模越来越大，每个基金经理或者研究员的管理规模都达到了3亿元、5亿元，甚至是10亿元，那么你在一些小股票当中频繁地进出，其实成本很高，而且我也不认为长期来看这样操作能产生高收益。

我和私募的不解之缘

目前我担任希瓦资产研究总监、投资经理。加入希瓦，是因为我本科毕业于上海交通大学安泰经济与管理学院，和梁宏是同系同学。那时候我们就认识，后来都从事买方的工作，他希望我过来帮他打造和打磨研究团队，形成好的投资体系，一起见证希瓦的成长。

最主要的原因还是希瓦的管理规模很不错，但是公司内部的激励制度还没有完善，包括研究部门的激励、投资部门的激励、员工持股等方面都可以推进。梁宏愿意系统地打造和完善公司各项流程，我觉得他的思路很好，愿望很宏大，所以我选择加盟希瓦。

加入希瓦有两年多了，刚来的时候我是研究总监，负责梳理研究部的考核、晨会的深度报告、调研、券商服务等工作。梳理好之后，公司开始鼓励研究员也管理一部分资金，如果实现收益会有提成；公司也鼓励研究员撰写深度报告，如果推荐的股票赚钱了，也会分一部分奖励给研究员。公司在这些方面形成了很好的激励机制，其实我们公司研究员的基本工资和市场比起来并不算高，但是加上激励这一部分的话，薪酬水平就有吸引力了。

加入希瓦以后，我发现这里人才济济，有很多不同投资体系的高手，可以学到很多东西。

从业这些年，我觉得一个基金经理最重要的品格是自信和勤奋。自信但要从善如流，勤奋但也要注意身体。

自信要求自己有一定的决策能力、研究能力和逻辑能力，不会轻易改变观点；从善如流就是发现自己错了，需要及时改正，不应该死不认错。

勤奋是一个成功的基金经理不可缺少的品质，意味着自己要付出更多的努力；但是身体也很重要，钱是赚不完的，生命只有一次。

日常休息的时候我最喜欢看书和电影。我主要阅读一些名人传记、金融类书籍、行业入门书籍等，比如最近我正在看创新药以及云计算方面的书籍，不断拓展自己的知识面。我争取一个月可以看 4 本书，我有一个朋友，一年读书 200 本以上，每次和他交流都发现自己和他在知识面上的差距又被拉大了。因此，我要不断减少这种差距，多读书，读好书。

我从事私募事业的时间已经不短了，我热爱投资，也热爱我从事的私募事业。未来的路还很长，我会将热爱的投资进行到底。

一个成功投资人的一生里，一定要有一只二三十倍的股票

| 山哥 V 散 |

编者语：在网上看到一个特别有意思的问题：人应当如何过好这一生？在电影《无问西东》里有几个特别鲜明的人物，比如：富家子弟沈光耀在民族危亡之际选择参军；拥有光明前途的青年陈鹏选择守护被迫害的爱人；处事圆滑的商人张果果选择回归本心帮助病中的四胞胎。他们都坚持了自己的选择，诚如电影的名字，无问西东地坚持自己的兴趣、信念，从兴趣出发，把兴趣做成事业，这样的人无疑是最可爱的！本故事的主人公 @ 山哥 V 散，在人生的下个十年他选择全身心投入自己的兴趣中，做一个全新的投资人。

投资这条路，我走了 20 年

20 世纪 90 年代初，我就读的中学附近就有一家银行，发行股票认购证的时候我看过银行的宣传海报。之后，上海很多家庭都投资了股票，我也听到家里的长辈讨论股市，所以对股票有了朦胧的了解。1996 年，作为大学生的我希望早日独立自主，用自己的聪明才智为家里挣钱。在得到长

辈的支持后，我拥有了自己的股票账户，他们还资助了我 1 万元巨款作为本金（要知道当时 5 万元就可以在学校附近买一套房）。当时下单还需要通过柜台填写交易单，看行情也需要到证券营业部，因此我经常在课余时间骑单车去营业部看行情。

让我印象比较深刻的事情有两件。一是当时没有涨跌停板（现在的涨跌停板是 1996 年底实施的），看到东北电气当日翻倍，股市的“造富”能力深深地震撼了我。这让我感觉股市里有黄金万两，但是又难以捉摸，要是有朝一日能够破译股市密码就不得了了。二是因为改革开放的总设计师邓小平的健康消息，全市股票跌停开盘，但是股市很快在龙头四川长虹、深发展的带领下低开高走，并以红盘报收。股市走势往往受到短期因素的影响，但是最终服从长期因素。类似的一幕在2020 年的春节后再次重演，股市在突发公共卫生事件下大幅低开，但很快收复失地，消化了事件的冲击。

这两件事让我对投资有了新的认识，也更加坚定信心要把投资当作一件长期坚持的事的信念。

除了 A 股，我投资 B 股也 10 年有余，在 2007 年人民币升值前后开户，投资策略以价值投资为主。当时我在投资 A 股 10 年之后，有了一定的积累，也在考虑进行多市场的配置，这个时候我留意到 B 股的机会。首先，它是用美元进行投资的，我把一部分人民币换成了美元；其次，虽然 B 股和 A 股相似，但是估值低很多，因此更适合做价值投资。所以我以价值投资的心态投资 B 股，也取得了不错的成绩，有幸赶上了好几次 B 股转 A 股，例如东电、新城的 B 转 A，城投控股和阳晨的 B 股改革合并红利，将我 B 股的成本做到了零。个人认为，相比 A 股，B 股市场价值发现功能更强，更适合价值投资者。

我在港股市场也开户了，是在 2007 年左右我读 MBA 的时候，但是由于精力的关系没有过多涉足。美股方面，因为我长期为头部外企服务，它们都是在美股上市的优质成长股 ，所以一直以来我会关心和了解所服务的企业及同行的情况。

因为对投资的热情，我还做过一段时间的天使投资人，看过很多早期创业项目。有了这番经历后，我认为投资二级市场独具优势，企业发展更加成熟，市场规则更加明确；既可以分散投资，规避投资单一企业的风险，还可以在看走眼时及时卖出止损。要知道在风险投资界，如果有项目看走了眼，资金可就是完全打水漂了。

这些跨市场的投资经历，不仅是非常丰富的人生经验，也让我在股市中受益匪浅。

选股的核心：提高审美能力

我在股市赚到第一桶金是在 1996 年，当时我买入了四川长虹这样的人气股，取得了不错的收益。大学毕业的时候我给家里置办了礼物，也给自己买了一件可谓价值不菲的大衣，作为结束学业的纪念。

刚毕业时，我只能通过 BP 机看股市行情。由于工作繁忙，我投入的资金也不多，倒是轻仓熬过了漫漫熊市，记得当时证券公司都倒闭了不少。直到 2005 年“998 行情”到来，我获得了数倍收益。2007 年，大盘指数一路上涨到 6124 点，之后华尔街深陷次贷危机，我的账户也同步缩水。所幸我已提前兑现部分收益买房，才得以保留大部分胜利果实。

之后一轮大的市场行情是在 2015 年，经过市场的洗礼和工作的历练后，我在选股时更加关注基本面，以价值投资为主。就拿当时的人气股乐视网来说，从实业眼光看，因为对乐视商业模式和实控人的疑虑，我全程没有参与投资乐视网。当时我主要投资的是工作和生活中熟悉的医药股，比如老百姓、乐普医疗、信立泰。其他投资品种方面，我结合当时的政策导向，如“一带一路”倡议，投资了中国中车，并在A股5000点以上卖出了大部分，赚了3~4倍，也算是控制了风险。

2015—2016年的“千股跌停”和熔断也让我印象深刻。首先，这次经历再次强化了我的风险意识。风控不能靠事后止损，因为整个市场在极端情况下会失去流动性。其次，要以长期和企业为伴的理念选股票，把风控前置。精心选股是最重要的事前风控措施。最后，从工作中我也体会到市场不乏优质的企业，要多和优秀的企业家以及有成长能力的企业在一起，多看好公司，提高自己的“审美能力”。

“审美”是我重要的投资理念。因为时间是最重要的资源，要把它用在最重要的事情上。人的研究精力和资金同样有限，如果你的精力主要用在研究二三流企业上，那么就没有时间研究精品、极品。我对选股环节的核心认识就是“审美能力”，即“知道真正的好是什么样子”。

提高审美能力很重要的一步就是多看精品企业。过去的市场“妖股”横行，很多投资者经常在股市里“听故事”，失去了审美能力，被蒙蔽了双眼，上当受骗；或是自己看不懂，因为曾经上当就怀疑一切，把优秀的企业家和骗子混为一谈。我长期在优秀的企业里学习和感受先进的企业管理方式，见证企业的成长。因此，这些识别能力能帮助我从很多细节中看到疑点，毕竟包装出来的企业不可能一直欺骗所有的人。看多了优秀的企业，培养了独到的审美眼光，慢慢地，我对“丑八怪”不再入眼，对“妖股”产生免疫，这样我可以把有限的时间放在最优质的企业上。审美能力的养成，既需要有独到的眼光，也不能偏离大众审美情趣，这样才能够取得不错的业绩。遗憾的是，还有很多人没有明白这个道理，在“20cm”暴涨和短期翻倍的诱惑下耗费时间。

在投资风格上，投资生涯早期我研究过很多博弈手段，追求高风险、高收益。比如：我在2008年的大熊市中参与了攀钢钒钛的权证套利。2009年做过*ST股票退市重整，运气还不错，银亿股份恢复上市后实现了3~4倍的涨幅。现在我的账户里还有几只长期停盘的老三板股票作为纪念。投资20余年，经历了几轮牛熊和市场长期的风险教育后，我的风险偏好降低，交易理念也更为成熟，从博弈炒股走向价值投资，逐渐建立了自己的交易系统和方法体系，拥有了获得超额收益的能力。

拥有一只二三十倍的股票不是梦

“一个成功投资人的一生里，一定要有一只二三十倍的股票，不仅让他实现财务自由，而且彻底洗礼他的投资理念。”这是中欧瑞博前合伙人梁俊总结的，也是贵州茅台对于许多知名投资人非常重要的原因，因为这是帮助他们实现人生跨越的一只个股。看到这句话我颇有共鸣，2020年，我也深深地接受了市场的洗礼。翻出2020年初的投资笔记，回看来时的路，回味当初的思考和逻辑，对我也是一种洗礼。投资笔记中，关于蔚来我写得更多，这也算是个人“战役”中比较能验证我投资逻辑的一场。

我看好智能汽车的头部企业，更看好蔚来，这显然是基于赔率也就是收益空间的考虑。关注它是在2019年国庆节左右。当时蔚来的股价是1.62美元，已经很低了，它面临现金流“失血”的问题。当时大家觉得它的现金流快崩了，类似“PPT造车”的传言在市场上广泛传播，2019年它的市值只有40亿美元。但整个电动汽车市场，其实是万亿美元的市场规模，而现在很多人还只是从电力现代化、科技进步的角度来理解电动汽车，认为这是一场电取代汽油的能源革命。在我看来，其实电动汽车既是一个最大件的消费产品，一台就抵 100 个 iPad；也是一个下游基础入口，就像 iPad 一样，汽车这个品类可以孵化衍生非常多的应用程序，加载非常多的使用场景。如果拿 40 亿美元市值和万亿美元的市场规模相比，那么蔚来具有非常大的空间，也非常值得关注。后来的情况确实验证了我的投资逻辑，我也收获了一些体会：

第一，深度思考。从战争的角度，我深感毛主席之伟大。比如井冈山时期，有人质疑“红旗到底能打多久”的时候，毛主席通过敌我力量对比分析，明确地指出“星星之火，可以燎原”。投资有的时候就是这样，要获得超额收益，就需要在别人看不见的地方看到机会。

我对企业的分析更是超越了对财务报告的分析，原因是我认为成长型企业的财务结果没有太大价值。财务报告更多的是企业的时点数据，这好比影楼拍的艺术照，难免乔装打扮，再加上滤镜，容易失真。分析企业的价值就要深入地了解企业的日常，既包括看得见的运营数据，还包括产品、服务、运营效率、外部竞争、内部管理、企业文化等，这些都是财务报告中难以看到的东西。

第二，逆向投资。投资考验人性，我们常会面临“曲高和寡”的情况。在我投资蔚来初期写文章的过程中，收获的认同寥寥无几。更多的人把蔚来和乐视网、瑞幸咖啡这样的企业归为一类。市场的声音，特别是交易对手的声音是非常值得重视的。当你比较全面地分析了企业，也了解了市场的想法之后，对逆向投资自然也有了底气。关于逆向投资还有一些其他的例子，比如 2019 年 12 月 31 日，我就提示通裕重工值得关注[①]。这是

---

① 见文章《暴涨股复盘 通裕重工 300185》，https：//xueqiu. com/7912934717/159535706。

一只股价只有 1. 80 元的冷门股票，当时我从 10 个方面论证这只股票可能有比较大的机会。这只股票最高涨至 6 元多，后回落至 4. 5 元。总之，投资中不怕有分歧，只要考虑充分、有足够好的回报补偿，在守正价值的基础上，也可以布局奇兵。

第三，理性估值。股票涨了 15 倍不是卖出的理由，涨了 4 倍也不是买入的理由。谈到估值，到底什么是估值呢？巴菲特曾经说过，如果他去大学当一名教授投资的老师，他只会开设两门课程：第一门课教学生如何看待市场波动，第二门课就是如何给企业估值。由此可见，估值是多么重要。

将买卖决策置于科学理性的估值体系之中，自然进出有度、夜夜安枕，任凭风吹雨打，我自闲庭信步，这也是战略定力的来由。身边很多同学喜欢“抄作业”，成天打听牛股信息。虽然我和很多人说起过蔚来和特斯拉，但是真正买入的人并不多。如果没有自己的研究和估值体系，那么对股价的波动也会极为敏感，一有风吹草动就患得患失，担心自己“吃不到大肉”。总之，“抄作业”就得抄逻辑、抄体系，结合自己的认知能力、风险承受能力和资金成本自主决定。

第四，淬炼投资心理。大多数人，因为看见，所以相信；极少数人，因为相信，所以看见。投资有的时候需要的是一种信仰，即便有了深邃的洞察力，坚持信仰也是极为不容易的。

从高管到职业投资人，是必然也是挑战

过去 20 多年，我一直在为一些比较优秀的企业服务，因而得以见识什么是好、什么是美、什么是优秀、什么是伟大而卓越的公司。在这个过程

中，一方面我在企业效力，把工作当成我学习的机会，我不断地在工作过程中扩展我的能力圈、丰富我在能力圈内的认知；另一方面，我算是一个比较喜欢学习新东西的人，当我觉得在一个地方学不到新东西了，就会主动寻找下一个非常感兴趣的领域，扎进去钻研一番。

我发现很多东西都是触类旁通的，越学越快。我在第一个行业（消费品行业）大概学了 10 多年，后来发现没什么学习空间了，再做下去更多的是分享。当时我还非常年轻，觉得这对我的成长不利，所以来到了医疗保健行业，之后又去了互联网行业。后面这两个行业基本上 5 年左右就可以了解得非常深、非常透了。

2020 年 10 月，我告别了效力 5 年的公司，考虑在雪球发私募，进行私募管理。我和投资结缘已经有 20 多年，投资是我长期坚持的一项兴趣爱好，选择私募是回归兴趣、寻求个人价值。

我的性格有两个特点：一是渴望成功。我喜欢主动迎接挑战，并且取得成功。我以积极主动的心态进行人生和职场规划，并做好充分的准备。我希望在不同的领域都取得让自己满意的好成绩，也给社会带来更大的回报。投资是非常有挑战性的事情，能够把这样有难度的事情做好，我会获得很大的成就感，实现自己的人生价值。二是注重风险。历经多轮牛熊转换，我深知风险无处不在。长期的市场经历让我对风险有了敬畏之心，同时也坚定了我的理念。要做到不平庸，就需要积极地管理风险。不承担风险，就没有超额回报；但是承担风险，也不能鲁莽。所谓“take calculated risks”，即对风险进行精心分析和计算，通过和潜在收益的比较寻求超额回报。

过去的 20 多年，我非常有幸和时代一起成长，在最优秀的上市公司学习管理，感受企业的发展基因。之前的工作经历让我更好地理解投资，是一笔可以享受复利的宝贵人生财富。从中国整个大环境来讲，这些世界级优秀企业的管理方法大大地提高了中国各行各业的管理效率。我也看到大量的中国企业在复制优秀的管理方法的同时，结合本地情况进行卓有成效的改造和创新，逐渐变得更具国际竞争力。我相信，今后中国还会涌现更多的具有国际水准的优秀企业。

在投资方面，作为中国资本市场发展的见证者，我也亲历了许多重要的时刻，历经了几轮牛熊，有很多投资方面的心得体会。我看到了中国资本市场从乱到治的这些变化，也感受了从靠资金坐庄到价值投资的市场理念的成熟。资本市场价格发现机制的效率越来越高，资本市场在大国发展中的重要性也日益凸显。

现在，我在市场上的感受是时间越来越有价值。在股市中，投资者在股价低于内在价值的时候买入，通过时间的沉淀，伴随企业成长，让自己的“阳光”得以体现，这就是时间的价值。在工作中，提高效率也是从优化时间分配开始，把 80% 的时间花在最有价值的工作内容上。因此，我也主动做减法，优化时间和精力的分配，聚焦在最有成就感的事情上，取得更好的成绩。

经过四五年的准备，当我确定有充分的能力把受托投资这件事情做好的时候，我才慎重地考虑转型。做职业投资者可能是世界上最具挑战的事情之一，也比单纯管理好自己的钱更难。因为职业投资者要面对投资人的这份信任，需要切实承担好信托责任，把这份钱管好，给信任自己的人一个交代，这需要投资人和职业投资者具有类似的理念并且相互信任。

我的投资理念和交易系统

我认为投资的本质是风险管理。相比单纯的回避风险，专业投资者通过积极的风险管理取得超额收益。我的风险管理体系是基于胜率和赔率的框架，寻求高胜率、高赔率、低风险的投资机会，可以总结为六个字“优质、低估、分散”。

优质：人有我精，通过精心选择优质股票，确保胜率。

低估：人弃我取，通过逆向投资获取超额收益，提高赔率。

分散：敬畏市场，防范“黑天鹅”，通过多品种（股票、债券、期权）、跨市场等方式分散投资风险。

具体操作上，我以价值投资为主。企业家疯狂地创造价值，加上复利投资，才是稳定的收益来源。但是我在守正的同时，也会出奇，独立思考，不盲从；敢于通过深度的洞察，以和大众眼光不一样的认知，寻找投资机会；积极和科学地承担风险，逆向投资，获得超额收益。

寻找极品，建立能力圈

首先，从优质这个要素来看，是通过选取优质精品，甚至是极品企业，分享企业创造的价值。我认为股票是企业的所有权，资本市场的波动只是在做资产的存量分配，而资本市场长期利润的来源是优质企业创造出来的源源不断的利润。买优质股票，拥有优质企业的股权，就可以让投资者长期分享企业的经营成果。

找好企业是不够的，找精品、极品才是追求。如果把筛选企业比作挑选珠宝的话，那么要尽可能挑选钻石级的企业。好的企业都遵循类似的商业规律，如优化投资回报、追求卓越运营。在具体操作上，我会优先考虑在消费、医药、科技这些我能力圈内能够看得懂的企业进行投资。

其次，低估则是相信自己的认知，人弃我取，做到不随大流。价值股抑或成长股，最重要的是在低于内在价值时买入，在高于内在价值时卖出。其实低估反映的投资理念是胜率和赔率的概念，不仅要有高胜率，买到好企业，还要有高赔率，在赢的时候赚得多，输的时候亏得少。上文提到过，选股好比在珠宝店，甚至在碎石堆里挑选钻石。你希望在什么时期去拥有最美的钻石呢？我的答案就是：要争取在待开采石头期购买。

最佳的买入时机，往往是大众并没有充分认识到优秀企业的内在价值的时候。这好比如果能够买到未曾被开采的璞玉（具有潜质的企业），那么在能工巧匠（优秀的企业管理者）的雕琢下，其价值终究会被大家认识，身价倍增，获得建立在深度认知上的超额收益。

最后，分散是指通过组合分散风险。分散的本质是希望保住本金，不输就是赢，同时控制住利润的回撤，积小胜为大胜。分散折射的是对市场的敬畏。从认知的角度来讲，我们对世界了解得越多，就越会认识到自己不明白的有很多。在经历过多轮牛熊、受到过多次来自市场风险的教育之后，即便对某些企业和行业再看好、认识再深刻，我也不会盲目集中持仓。我的做法就是通过适当的分散和对冲降低风险。

从一个将军指挥战斗的角度来讲，我们追求的是积小胜为大胜，从一个成功走向另一个成功；而不是和市场打对攻战、歼灭战、闪电战，毕其功于一役，速战速决。毕竟投资是长跑，慢慢变富已经足够好。

我的整个投资体系的核心就是建立自己的能力圈，在自己所能够控制的部分做到极致。我们要在能力圈里识别优秀的企业，以更长的维度和更大的耐心等待优秀企业的成长；同时通过分散避免大的回撤和局部失败，争取积小胜为大胜。我们要在长周期、大格局下衡量投资活动的成败，把下行的风险控制住，而把上行的空间交给市场。虽然收益是市场说了算，但是根据我的投资实践，往往做好风险控制后，收益自然就会体现。

下个十年，赋能投资、赋能自己

对我来说，过去的每一个十年，我都在拓展我的能力圈。21 世纪第一个十年，我在消费品行业成长；第二个十年，我在医药和科技企业学习；第三个十年，我决定全身心投入我的兴趣，进入资产管理行业，回报社会。

看上去跨度很大，但努力和信念不会辜负每个逐梦的人。随着年龄的增加、阅历的丰富，我觉得自己内心还是一个标准的“斜杠青年”。对于自由，我的定义是能够有比较多的选择权做自己喜欢的事情（或者不勉强自己做不喜欢的事情），同时在不同的方面去探索、坚持，成就爱好。比如我在白天工作、晚上陪娃之后，还会坚持投资方面的思考和学习，并愿意分享我对投资理念、市场和企业的看法。

对于人生，我觉得有点像旅游，但是我喜欢的不是休闲游、海岛游，而是登山、航海等具备一定挑战和能力要求的旅游。这样的旅游不仅能让我欣赏到不一样的风景，这些经历本身也是很好的人生财富。我喜欢做有挑战的事情，给自己设定目标，并且把它做好。

现在我已过不惑之年，随着能力的增强，我期望带给投资人更大的回报，给予社会更大的回馈。

一个不断变化的市场，需要一颗不变的学徒心

| 天道骑牛 |

编者语： 成长股可能是不同类型的股票中最具魅力的一种。区别于白马股的陪伴式回报和周期股的高门槛准入、高风险收益，它最有吸引力的地方是在种子成长期被发现，并在秋天收获果实。在这个领域，有一些跑得比较快的人，他们是怎么奔跑的？让我们一起探索@天道骑牛的股市之路和成长股之道。

初入股市的磕磕碰碰

我是一个“80 后”，生于改革开放初期，见证了社会经济、生活翻天覆地的快速变化。我对投资有着发自内心的热爱，我认定投资是一辈子要做的事，所以我愿意把大部分精力花在投资上，乐此不疲。

我第一次了解股市是在读初一的时候，当时我的数学老师上课时，总是讲一会儿就掏出他的传呼机看看，我感到很奇怪。后来他只教了我一个学期就辞职了，我才知道他上课看传呼机不是显摆，而是在看股市行情。他炒股赚了很多钱，所以选择专职炒股，不教书了。这件事在少年时期给我留下了深刻印象。

工作后，我阅读了一些金融类书籍，也有了微小的储蓄。面对生活中物价的持续上涨，我开始思考“如何让储蓄保值增值”。2006—2007 年，股市开始火热，于是我正式踏上投资之路。

初入股市，我也是磕磕碰碰。一开始我主要通过技术分析进行短线交易，后来我发现实践过程中技术分析“骗线”太多，成功率不高。我转而做以基本面分析为主的中长线价值投资，但是发现价值投资有价值陷阱。基本面分析存在一定的信息滞后性，很多时候股票跌幅很大，公司基本面才能看出问题，而且基本面好的，很多时候股票不涨反而下跌。在 2012 年之前，虽然我总体下来没有大亏，但也没有赚到钱，没有形成自己的投资体系。2012 年，我将基本面分析结合技术分析，明显地提高了成功概率，逐步形成了自己的投资体系。2014 年，我开始全职炒股。

全职炒股后，我的压力还是比较大的。因为自此每月没有稳定的收入，股市又不可能每天都赚钱，有时候不仅不赚，还会连续亏损，家人也有点担忧。渐渐地，随着股市复利、资金滚大和成功经验的积累，我的压力也相对越来越小，家人对此也表示理解和支持。自从 2007 年的一个教训之后，我再也没有单独持有一只股票，而是采取适度分散的方式，钻研重点跟踪的几只股票，通过投资体系形成的概率，逐步获得第一桶金。

选股思路与投资风格

早些年投资界最流行的话莫过于“站在风口，猪都会飞”。事实确实如此，采用自上而下的方式选股相对容易很多，要找到风口就要选对行业。有些行业板块受政策支持、行业景气度、投资者偏好等影响，即使公司业绩不佳，但由于投资者的预期很好，股票上涨概率也很大，进而会出现板块效应，如2013年的网络股、游戏股、娱乐传媒股等。自上而下选股相对容易成功，能够有这样选股的机会当然是好，但是当板块大热后这种股估值都很高，所以很难再继续通过板块选股；而自下而上选择业绩优良、持续稳定增长的小盘股，行业不受大众关注或看好，这样的公司被彼得·林奇称为“沙漠之花”，这种优质股也是非常不错的选择！

自下而上选股时，一方面，公司基本面业绩需要在未来一段时间大概率保持较好增长，同时股价走势不能持续创新低。应尽量选择底部转强、基本面预期向好的股票，回避高位转弱、基本面业绩增速放缓或恶化的股票。

另一方面，我们还需要考虑行业整体的环境、市场的风格偏好、公司的业务布局和产品产能进展等因素。如果是做超长线投资，还需要对公司是否有持续的盈利能力、核心竞争力、公司管理层能力和诚信进行判断和细化分析。同时，根据市场环境和风格的不同，我们需要对选股侧重点评分体系进行调整，简单来说就是根据市场风格的变化在选股上“因地制宜”，适当考虑牛市重势、熊市重质。

这里谈谈一般情况下我选股和买入时机的大致选择，特殊情况后面再来谈论，这里只谈谈我平常运用最多的、针对快速增长型公司的初步选股条件：

第一，营业收入复合增速不低于20%。营业收入和扣非后净利润连续两年或者更久满足该条件的公司更好。

第二，扣非后净利润复合增速不低于20%，且最好不低于营业收入。这样说明公司治理管控良好，产品没有通过降价等恶性竞争手段导致行业恶化，当然也要注意和原材料涨跌的影响进行区别。

第三，毛利率稳定，最好有小幅度提升。其实做好第二点，这一点基本不会有大问题。

第四，现金流宽裕，最好为正。现金出现问题会影响公司正常经营运转，试想如果没有钱采购原材料和给员工发工资，公司还怎么经营？不过特殊行业和特殊时期要特殊对待。

第五，资产负债率不能太高。资产负债率太高说明公司借钱很多，经营存在较大风险。同时资产负债率的高低需要根据行业判断，不同的行业判断标准不一样。比如装备制造等重资产行业的负债普遍就很高，而软件、咨询、技术服务等行业的负债比较低，所以判断时要尽量对比同行业公司，看看公司的资产负债率是否明显大幅高出同行业。

第六，产品供不应求。

第七，产能即将释放。其实这一点需要结合第六点一起看，试想产品供不应求，产能马上释放后，业绩爆发增长还会远吗？

第八，大行业、小公司。公司市值并不是越小越好，这个还要对比行业市场空间，如果公司市值和营业收入越小、行业空间越大，那么公司就越好。

第九，管理层优秀。对于超长线价值投资，这也是最重要的一点。对于一家长期投资的公司，其核心竞争力就是它的灵魂——管理层，优秀的管理层能领导一家公司摆脱艰难险阻，走向辉煌。

注意：困境反转和资产隐蔽型公司要特殊对待！我们可以通过报表进行一些简单的筛选，这样能快速过滤掉大部分股票。然后针对不同的股票进行不同的研究，如公司领导班子的能力、公司的文化，尤其公司的产品市场竞争情况、潜力、各种壁垒门槛、政策环境的影响、公司的诚信度等。公司不同，需要研究的方面也不同，不能够简单量化，这里就不一一列举了。

买入时机的选择是一个很关键的问题。简单说说一般情况下我选择的时机，特殊情况此处不做叙述。比如我会选择估值合理、产品供不应求且产能即将释放、走势有较长一段横盘后突破回调确认、股价经过一个拉升前洗盘、筹码稳定集中在少数人手上（也就是主力吸筹完毕）、未来刺激因素时间点等时机，同时也要适当参考大盘的高低位置和趋势。

其实生活中孕育着很多牛股，只要用心观察，就会发现很多大牛股的投资机会。2008 年，我发现街上到处在安装摄像头，很多红绿灯路口都在安装拍照摄像头，十字路口都在安装天网摄像头，甚至有不少工厂出于监控员工有没有偷懒和防盗的需求，也安装上了摄像头。可惜的是，当时的我并没有意识到既然摄像头生意这么好，那么生产摄像头的公司的利润一定快速增长，这样的公司股价一定会随着利润的快速增长而增长；更没有想到要去投资这样的公司，白白错过了身边大牛股的机会。

直到 2012 年，我在翻看历史牛股时发现了大华股份带给我的投资逻辑。当时大华股份已经从低点在大牛市中上涨了 10 倍，现在回头来看，大华股份从 2008 年 12 月 2 日的股价 1.33 元（前复权）到 2013 年 10 月 10 日的股价 47.3 元（前复权），涨幅达到了惊人的 35.5 倍。大华股份的涨幅得益于业绩的持续大幅增长，而业绩大幅增长的端倪我们可以从生活中发现。我们可以看到大华股份 2008 年营业收入 6.32 亿元，净利润 1.04 亿元。此后几年全国进行平安城市建设，就如我在生活中看到的那样，大街小巷都在安装摄像头、天眼，部分工厂、企业、店铺也都在安装监控摄像头。大华股份的业绩也在这几年实现快速增长，2013 年大华股份实现营业收入 54.1 亿元，净利润 11.3 亿元。2008—2013 年的五年时间，公司业绩实现了 10 倍的增长，股价在二级市场实现了超过 30 倍的上涨。

大华股份的案例让我恍然大悟，牛股就在我的身边！自此，我不再局限于通过逐步分析众多上市公司的财务报表及通过股价走势的技术分析来选股，而是在这两种方法的结合运用之下，更侧重于从现实生活中寻找大牛股。因为从身边找到的大牛股，我们能亲眼看到行业的发展、公司的发展，能够通过自己的亲身体会验证行业和公司的增长逻辑，获得实实在在的第一手资料，并可以规避一些通过财务报表无法分析出的上市公司财务造假，从而让自己的持股更稳定、投资更安心。

2012 年，我发现我们城镇的大楼越来越高，高档带电梯的大楼越来越多，土地的成本也越来越高，房地产开发商们更愿意修建更高的楼房。同时中国老龄化程度加深，而爬楼梯对老年人来说是件困难的事，我 90 岁的外婆就告诉我，她不愿意住高楼层，爬楼太累了。我发现越来越多新修的大楼都安装了电梯，生产电梯的公司生意一定很好。这或许就是一个商机，我不能生产电梯赚钱，但是我可以通过投资生产电梯的公司股票赚钱，于是我在上市公司的股票里寻找生产电梯的公司。

当时我在电脑里查找到江南嘉捷、上海机电、康力电梯，随后我对比了这几家公司的基本面，发现这几家公司业绩增长都比较好，这印证了我在生活中所观察到电梯大楼越来越多的逻辑，说明电梯行业整体增长比较好。经过对比，我最终选择了康力电梯，2012—2015 年，康力电梯的净利润保持着 30% 以上的高速复合增长；股价从 2012 年 12 月 4 日的 3. 03 元（前复权）到 2015 年 6 月 1 日的 28. 49 元，涨幅超过 8 倍，遗憾的是我在熊市里只从这只股上赚了两倍。

再比如，2013 年我发现大街上不少商场、广场在安装 LED 巨幅广告电视屏幕，从上市公司中可以找到利亚德、洲明科技、奥拓电子。在随后的两年里，利亚德、洲明科技的业绩都保持快速增长，其中利亚德的增速最快，股价在不到 3 年时间涨了 10 倍。

在我们身边的牛股还有很多，只是当它悄悄站在我们旁边时，我们没有用心在感受它的存在！身边的大牛股从来不缺少，缺少的是我们善于发现它的心！要用心在生活中寻找大牛股，做生活中的有心人！

关于投资风格，我觉得世界上最好的风格就是没有风格。因为市场风格是不断变化的，当一个投资者形成一种固定投资风格后，就会产生路径依赖，有明显的“大小年”。当市场风格正好与自己的投资风格契合时，就容易顺风顺水，收益很好；但市场风格往往是不断切换的，当市场风格变换后，投资就会变得很难。

无论哪一种市场风格偏好的流行，最后风格都会切换。比如，2013 年至 2014 年上半年，市场以成长风格为主；2016 年至 2018 年初，市场以白马蓝筹风格为主。如果在这期间坚持一种投资风格，那么中间过程就会很煎熬。我也曾经坚持自己的投资风格，未曾想去拓展能力圈、适应不同的市场风格，但当我遇到投资风格与市场风格偏好不同的情况，我得到了深刻的教训。

因此，这几年我在拓展能力圈，不断地学习，增加自己擅长的领域和风格。《孙子兵法》曰：“兵无常势，水无常形，能因敌变化而制胜者，谓之神。”最好的风格就是没有自己的风格，根据市场的风格变化“因地制宜、因敌制胜”。要做到这些难度很大，因此我只能持续不断地学习，这是我追求的目标。

最失败的案例和最成功的案例

投资中最失败的案例是 2007 年投资中国石油。当时由于投资经验欠缺，我既没有建立分仓的体系，也没有判断估值和成长的能力，我只是看到媒体报道和专家分析全球最赚钱的公司前景无限，中国石油被强烈看多，估值58元甚至60多元。当时我也没有能力判断，在贪婪和无知的驱使下，我在其上市后超过48元的高位满仓买入中国石油，后来在38元附近卖出止损，短短几个交易日账户亏损超过总资产的20%。这是单只股票造成我整体账户损失比例最大的一次，教训深刻。

我开始深刻反思，如果分仓几只股票，那么单只股票的损失占整体账户的损失就不会那么大。如果我持有4只股票，每只占总仓位的25%，那么其中一只股票犯错亏损20%，总体账户的亏损实际也只有5%，损失要小很多。经过反思，我修正进化了最初还不成熟的体系，开始进行仓位管理。自此，我从不满仓持有单只股票，而是在精力足够跟踪管理的几只个股里采取组合分仓的方式，以概率取胜。

最成功的案例也谈不上，虽然成功的案例多，但不是什么重大的成功案例，都比较平淡。比如2012年我投资康力电梯时，因为观察到周围电梯住宅越来越多，符合社会发展趋势，所以在上市公司里找到了3只电梯股，经过筛选最后选择了康力电梯。买入后其股价持续阴跌了2个月左右，随后开始一路上涨。中间我曾调研过位于成都金堂镇的生产基地，观察公司基地建设情况和生产人员、运输车辆进出情况。随着业绩和股价一路向好，持仓过程中我根据股价对部分仓位做了高抛低吸，2014年卖出时该股赚了2倍。

最近的例子是投资凯普生物。2019年初，我在分析凯普生物基本面时，发现公司历史业绩和财务数据优秀；新产品布局进入放量期；前期拖累净利润增速的检验所业务，随着检验所正式投入运营，后期将逐步由减亏到盈利。我对比了同行业公司估值和财务数据质量，当时其市盈率只有22倍，相比同类公司具有明显估值优势。同时我做了体外诊断和细分的分子基因检测行业的横向和纵向对比。通过基本面判断，我得出凯普生物被低估、财务健康、业绩将加速增长的结论，同时股价有走出底部的迹象，于是2019年2月，我在股价12元附近分批持续买入，后期公司业绩如预期一样出现加速增长，股价在估值提升和业绩增长的驱动下形成了“戴维斯双击”，2020年1月，我在31元附近清仓。

未来看好的行业

这里的未来要区分时间。如果是10年、20年，我长期看好医疗板块。因为随着人们生活水平的提高和社会经济的发展，我国老年人越来越多，对医疗的需求也在提升，我国的人均医疗费用相比发达国家还有很大差距；而且我国的医疗医药公司同世界上一流公司市值差距还很大，因此这是一个长期赛道。除了医疗，工业自动化、人工智能，这些也符合长期发展的大趋势。相比较而言，如果以1年、2年的角度来看，我看好5G、数据中心、充电桩、特高压、轨道交通、北斗导航等行业。由于国家资金的投入，这些行业最近一两年增长是比较确定的，但要注意有些股票短期涨幅较大，短期追高有风险。另外，我个人很多时候更喜欢自下而上找业绩向好、走势向好的投资机会。

我认为心态是投资中最重要的事。股市里不缺聪明的人，也不缺知识水平很高的人，缺的是面对恐惧和贪婪时保持好心态的人。

投资的一点感悟

马克·吐温曾说，历史从不简单重复，但历史总是惊人的相似。人们总是在牛市上涨期对未来抱有过度的幻想，导致透支未来业绩，形成巨大的估值泡沫；而当现实和预期差距过大时，在人们的狂欢中，泡沫终将破灭。当泡沫破灭后，熊市已经来临，估值开始回归，过度贪婪的人还心存幻想，但现实会通过股价持续创新低来给他狠狠的重击，估值由高估回到合理。然而这往往并不是一轮熊市的低点，市场还会持续走低，中途即使反弹也难以改变长期继续寻底的结果，在熊市里往往最终要跌到明显低估、大多数人已经绝望才会真正见底。

股市里有一句谚语总结得比较经典："市场总是在绝望中见底，在犹豫中上涨，在疯狂中灭亡。"投资者总是在牛市放大好的一面，而忽略坏的一面；在熊市放大坏的一面，而忽视好的一面。投资者的情绪左右着市场资金的进出，资金的持续进出又促使市场牛熊涨跌的交替。因此，作为一个要在市场长期生存、穿越牛熊的投资者，一定要永远保持清醒的头脑，不要让市场的大众情绪左右自己的思维。在牛市时，市场上涨往往会涨出泡沫，我们参与其中时要清醒地认识到自己是"在泡沫中游泳"，"潮水"退去时不能贪婪恋战；在熊市时，市场下跌往往也会跌破合理区间，跌出低估，跌到大部分人绝望，你的耳边会充斥着各种绝望的声音。这些观点看似有道理，但往往是人们过于放大的悲观声音，熊市终将结束，这时我们应该克服群众性恐惧心理，去寻找具有核心竞争力的优质公司。

我经历过技术分析学习实践阶段，基本面分析学习实践阶段，短线、中线、长线等学习实践阶段，多因子结合学习实践阶段等。我觉得每个阶段对我的投资生涯影响都很大，因为我一直在总结，无论是失败还是成功，我都会去思考失败的原因是什么，成功的原因又是什么，每个阶段我都有不同的感悟，都会认识到自己不同的不足之处。就拿 2017—2018 年这一投资不顺利的阶段来说，我认识到自己的投资风格过于单一，投资能力不够全面，在市场风格出现不利于自己的因素时吃了亏。因此，近两年我在默默学习，弥补自己的能力圈，纠正自己对单一风格的偏见。我们无法改变市场，只能改变自己来适应市场。

我的投资理念是采用基本面和技术分析相结合，根据基本因子、技术因子、情绪因子等在不同市场环境的评分，寻找优质且符合市场当前风格偏好的优质公司，适度分散投资几只自身精力足够跟踪的股票，结合短线、中线、长线，运用“因地制宜”的交易策略和风格策略，追求在可承受风险范围的超额投资收益。

投资心理变化

我的投资心理10多年来发生过几次重大变化，每一次都是发生在自己吃亏后的反思总结阶段。比如，投资初期我没有仓位管理概念，满仓持有中石油，吃亏后将仓位管理纳入投资体系；有一段时间我认为技术走势可以反映公司内在的一切信息，后来连续吃亏才发现技术分析不靠谱；再后来放弃技术分析，学习价值投资，专注基本面分析，又吃亏后发现很多时候我们了解到的公司基本面信息不过是管中窥豹，我们看到的数据和基本面信息往往是滞后的；再后来幡然醒悟，重拾技术分析，将基本面分析和技术分析相结合，互相印证寻找“共振”，提高成功率。甚至还有短线、中线、长线的心理纠结和变化，这些都是经历失败后我进行的反思和总结，导致我的心理和投资体系发生重大变化。最近几年，我最大的投资心理和投资体系的变化，就是上文提到的对投资风格的反思，再到心理变化，形成投资体系的进化。

我不想修改过去的投资决策，因为我认为过去的投资决策无论对错，对我都有重要意义。做对的投资决策帮我资产增值；做错的投资决策帮我总结失败教训，让我的投资体系进化，并且逐步走向成熟，形成自己的特点。

投资是一条漫长的修行路，要长期保持对市场的敬畏之心，克服贪婪和恐惧的从众心理。初入股市时如果你遇到牛市很顺利，记住这不一定是好事，过度的盲目自信会让你在后期吃大亏；如果初入股市时遇到了大熊市，那么恭喜你在吃小亏换进步，坚持下去，下个牛市和熊市你会比较顺利。

后记

中国私募基金经理风云录

做好投资需要选对行业赛道，更需要稳定、繁荣的国家经济大环境。巴菲特回顾他的投资经历时，多次把自己在投资中取得的成就归功于搭上了二战后美国经济增长的顺风车。

2021 年 2 月 28 日，国家统计局公布的 2020 年国民经济和社会发展统计公报显示，我国经济总量首次突破百万亿元大关，全年 GDP 达 101.6 万亿元，比上年增长 2.3%。我国人均 GDP 也连续两年超过 1 万美元。

中国经济就像一辆飞速行驶的列车，抓住中国经济腾飞的机遇，做多中国、买入中国最优质的资产，可能是我们这一代人实现家庭财富保值增值的最好选择。

一直以来，雪球上集聚了一批不同职业、不同经历，以及关注不同领域但都爱好投资的“球友”，大家交流、分享、记录，鲜明地表达自己对投资的理解和看法。

他们和我们一样，既是中国经济这趟列车的建设者，也是做多中国的实践者。

这些各具特色的投资者背后有怎样的投资经历？有怎样的投资体系？有怎样的投资感悟？我们逐一展示他们的成长经历和投资故事，希望能给投资者以启发。

就这样，我们第一本关于雪球上活跃的私募基金经理的书籍《中国私募基金经理风云录》正式问世了。

这本书的问世，首先要感谢书中的雪球用户，他们在雪球上分享自己的投资、生活以及感悟。其次要感谢钟日昕、沈露、陈洁灵、张峙涵、吴乔乔、陈壹等成员在成稿中的付出。最后要感谢中国经济出版社的燕丽丽博士、赵嘉敏老师在审核出版过程中为本书提供的帮助。